간단한 몽골어 발음법! 9

초간편 기본회화! 13
Best Basic Conversation!

알고 떠나자!
한눈에 보는 지역학 정보! (몽골편) 34

1. 출발전 준비! 39

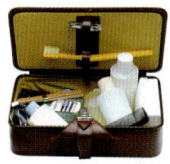

① 항공권의 예약!   42
② 예약확인/취소/변경   44
✚ 항공권 관련 단어   46

contents

2. 출국수속! 47

- ❶ 보딩패스! 1.   50
- ❷ 보딩패스! 2.   52
- ✚ 탑승 관련 단어   54

3. 출발! 기내에서 55

- ❶ 기내 입구에서!   58
- ❷ 기내 좌석에서!   60
- ❸ 기내식의 주문!   62
- ❹ 기내에서의 쇼핑! 64
- ❺ 기내에서의 요구!   66
- ❻ 신고서의 작성!   68
- ❼ 경유 / 환승할 때!   70
- ✚ 기내용 관련 단어들! 72
- ✚ 주요 안내 표현!   72
- ✚ 환승 관련 단어들!   74

4. 목적지 도착! 75

- ❶ 입국심사대에서 1. 78
- ❷ 입국심사대에서 2. 80
- ❸ 수하물 찾기!   82
- ❹ 세관심사!   84
- ❺ 공항 여행안내소   86
- ✚ 입국 관련 단어들! 88

Departure

5 C.I.Q!
출국장으로 들어가면 ❶ 세관검사, ❷ 보안검색, ❸ 출국심사가 차례로 이어집니다! 계속 앞으로 앞으로!

Step 5

6 탑승게이트로 이동!
탑승권에 표시된 탑승구로 이동합니다. '탑승시간'을 반드시 엄수하여야 합니다!!!

Step 6

✚ 잠깐만요!
시간적 여유가 있다면 면세점에서 쇼핑을 하셔도 좋겠습니다.

출국수속 따라잡기!

공항에서의 출국수속은 다음과 같이 진행됩니다.

❶ 공항도착!

❷ 항공사데스크 체크인!

❸ 공항이용권 구입!

❹ 환전!

❺ 비행기 탑승수속!
|세관신고|, |보안검색|, |출국심사|

❻ 탑승 게이트로 이동!

❼ 탑승!

✚ 비행기 출발 30분 전에는 탑승게이트 대기실에 도착해 있어야 합니다!

© Copyright 2005 by Shin Na Ra.

All rights reserved.
No part of this book may be reproduced,
without the written permission of
the copyright owner.

서명 : 주머니속의 여행 몽골어
펴낸곳 : 도서출판 신나라
펴낸이 : 남병덕
지은이 : 김기성
편집연구 : 김미진, 신영미, 정혜영

개정2쇄 : 2019. 11. 5

등록일 : 1991. 10. 14
등록번호: 제 2016-344호
주소 : 서울 마포구 독막로28길
　　　　63-4 . 304호
전화 : (02) 6735-2100
팩스 : (02) 6735-2103
ISBN : 978-89-7593-091-1

* 정가는 표지에 표시!

5. 호텔의 이용! 89

- ❶ 체크인(예약시) **92**
- ❷ 체크인(미예약) 1. **94**
- ❸ 체크인(미예약) 2. **96**
- ❹ 객실의 이용! **98**
- ❺ 룸서비스의 이용 **100**
- ❻ 프론트의 이용 1. **102**
- ❼ 프론트의 이용 2. **104**
- ❽ 호텔식당의 이용 **106**
- ❾ 체크아웃 **108**
- ❿ 유스호스텔 이용 1. **110**
- ⓫ 유스호스텔 이용 2. **112**
- ✚ 호텔 관련 단어들! **114**

잠깐! 숙소 정보! **116**

6. 식당과 요리! 117

- ❶ 식당의 예약! **120**
- ❷ 식당 미예약시 **122**
- ❸ 식사의 주문! **124**
- ❹ 주문의 선택 1. **126**
- ❺ 주문의 선택 2. **128**
- ❻ 식사시의 표현! **130**
- ❼ 식당을 찾을 때! **132**
- ❽ 패스트푸드점 **134**
- ❾ 식사비의 계산! **136**
- ✚ 식사 관련 단어들! **138**
- ❿ 주점의 이용! **142**
- ✚ 주점 관련 단어들! **144**

contents

7. 쇼핑용 회화! 145

❶ 쇼핑하는 법! 1. 148
❷ 쇼핑하는 법! 2. 150
❸ 물건값을 낼 때! 152
❹ 백화점 쇼핑! 154
❺ 면세점 쇼핑! 156
❻ 기념품점 쇼핑! 158
❼ 슈퍼마켓 쇼핑! 160
✚ 쇼핑 관련 단어들! 162

8. 우편, 전화, 은행! 163

❶ 우편물 보내기! 168
❷ 소포 보내기! 170
❸ 공중전화 걸기! 172
❹ 전화대화 표현! 174
❺ 국제전화 걸기! 1. 176
❻ 국제전화 걸기! 2. 178
❼ 호텔에서의 전화! 180
✚ 우편/전화 관련 단어! 182
❽ 은행의 이용! 184
❾ 잔돈 바꾸기! 186
✚ 은행 관련 단어들! 188

9. 교통수단! 189

- ① 철도의 이용! 1. **194**
- ② 철도의 이용! 2. **196**
- ③ 버스의 이용! 1. **198**
- ④ 버스의 이용! 2. **200**
- ⑤ 선박의 이용! **202**
- ⑥ 지하철의 이용! **204**
- ⑦ 택시의 이용! **206**
- ⑧ 렌터카의 이용! **208**
- ⑨ 주유소의 이용! **210**
- ✚ 교통수단 관련 단어! **212**

10. 관광하기! 217

- ① 관광 시작하기! **222**
- ② 길 물어보기! 1. **224**
- ③ 길 물어보기! 2. **226**
- ④ 기념사진 찍기! **228**
- ✚ 관광 관련 단어! 1. **230**
- ✚ 관광 관련 단어! 2. **232**

- ⑤ 공연의 관람! 1. **234**
- ⑥ 공연의 관람! 2. **236**
- ⑦ 나이트 클럽! **238**
- ⑧ 스포츠 즐기기! **240**
- ✚ 오락 관련 단어! 1. **242**
- ✚ 오락 관련 단어! 2. **244**

contents

11. 사고상황의 대처! 245

① 분실사고시! 1. 250 ② 분실사고시! 2. 252
③ 사고의 신고! 254 ④ 긴급! 간단표현! 256
⑤ 병원 치료! 258 ⑥ 약국의 처방! 260
✚ 사고상황 관련 단어! 262

12. 귀국 준비! 265

● 귀국절차! 268

[특별 부록]
비지니스 몽골어회화! 270

① 방문객을 맞을 때! 274 ② 인사할 때! 276
③ 회사를 소개할 때! 278 ④ 전화 통화시에! 280
⑤ 상담할 때! 282 ⑥ 계약, 주문을 할 때! 284

부록: 필수 단어 사전! 286

간단한 몽골어 발음법!

몽골어를 처음 접하시는 독자 여러분을 위해 '가장 쉽게 몽골어를 발음하실 수 있는 방법'을 소개합니다. 편하고 간단하게 익혀서 실전에 바로 쓰실 수 있습니다! 한국어 발음표기는 편의상 원음에 가장 가까운 음으로 표시하여 '외래어 표기법'과는 거리가 있을 수 있습니다.

Цагаан толгой[차강: 털거이] : 현대 몽골어의 자모는 러시아의 키릴문자에, 발음은 호방언에 기초를 두고 있으며

간단한 몽골어 발음법!

1946년 이후부터 공식 언어로 사용하고 있습니다. 러시아어에 없는 ө[어], ү[우] 두 모음을 첨가하여 모음 13자, 자음 20자, 부호(경음부호/연음부호) 2자로 모두 35자입니다.

모음의 수는 모두 13개이지만 몽골어의 모음가는 a[아], э[에], и[이], o[어], y[오], ө[어], ү[우]를 기본으로 하고 있기 때문에 이들을 기본모음이라 하며 그 외의 я[야], e[예], ë[여], ю[유], й[이], ы[이:]를 보조모음이라고 합니다.

일러두기

❶ 몽골어 또는 한국어 단어 뒤에 간혹 나타나는 / /은 그 앞의 단어 대신에 바꿔 쓸 수도 있음을 가리킵니다.
❷ 한국어로 발음을 옮겨 적을 경우, 때에 따라 표기와는 조금 달리 더욱 실질적으로 발음되는 경우가 있어 이런 경우는 그 옆에 (000)으로 따로 적습니다.
❸ 생략 가능한 단어의 경우 ( )에 넣었습니다.
❹ 첫 음절의 모음을 제외한 그 밖의 모음들은 대부분 해당 음가가 명확히 발음되지 않고 흐릿해져서 마치 우리말의 'ㅡ'처럼 발음되는 경우가 많습니다.
❺ 한글 발음표기에 나타나는 ':' 는 해당 앞모음을 장모음으로 길게 발음함을 나타냅니다.
- 한글 발음표기는 편의상 유사한 발음으로 표현하였으며, 몽골인이 내는 실제 발음과 차이가 있을 수도 있습니다. -

괄호안처럼 발음됩니다!

A	a	아	[ㅏ]
Б	б	베	[ㅂ]
В	в	웨	[ㅇ(ㅗ/ㅜ)]
Г	г	게	[ㄱ/ㄲ]
Д	д	데	[ㄷ/ㄸ]
E	e	예	[ㅖ]
Ё	ё	여	[ㅕ]
Ж	ж	제	[ㅈ]
З	з	쩨/제	[ㅈ/ㅉ]
И	и	이	[ㅣ]
Й	й	하가스 이	[ㅣ]
К	к	카	[ㅋ]
Л	л	엘	[ㄹ]
М	м	엠	[ㅁ]
Н	н	엔	[ㄴ]
О	о	어	[ㅓ]
Ө	ө	어	[ㅓ]
П	п	페	[ㅍ]
Р	р	에르	[ㄹ]
С	с	에스	[ㅅ/ㅆ]
Т	т	테	[ㅌ]

"여행회화, 기본의 기본입니다! 미리 준비해 두시면 유용하게 자주 쓸 수 있는 표현들입니다!!!"

괄호안처럼 발음됩니다!

У у	오	[ㅗ]	
Y y	우	[ㅜ]	
Ф ф	에프	[ㅍ]	
Х х	하	[ㅎ]	
Ц ц	체	[ㅊ]	
Ч ч	체	[ㅊ]	
Ш ш	이쉬	[ㅅ/시]	
Щ щ	이쉬체		
	몽골어에는 사용되지 않음		
Ъ ъ	하토:깅 템데끄		
	부호이지만 때에 따라 'ㅣ'		
Ы ы	이:	[ㅣ:]	
Ь ь	절:르니 템데끄		
	부호이지만 때에 따라 'ㅣ'		
Э э	에	[ㅔ]	
	'ㅣ'처럼 발음하는 경우도 많음		
Ю ю	유	[ㅠ]	
Я я	야	[ㅑ]	

초간편 기본회화!
Best Basic Conversation!

여행 몽골어 회화!
기본의 기본을 소개합니다.
10가지 기본 상황별로 정리했습니다!

- ❶ 대답하는 법!
- ❷ 인사할 때!
- ❸ 자기소개할 때!
- ❹ 부탁할 때!
- ❺ 감사의 인사!
- ❻ 전화, 약속!
- ❼ 사과를 할 때!
- ❽ 물어볼 때!
- ❾ 날씨와 시간!
- ❿ 긴급할 때!

초간편 기본회화!
Best Basic Conversation!

여행 몽골어 회화!
기본의 기본을 소개합니다.
10가지 기본 상황별로 정리했습니다!

대답할 때 자주
쓰는 표현들을
공부합니다!

예.(네.)
Тийм.
팀:.

아니오.
Үггй. / Биш ээ.
우구이 / 비쉬 에: (비셰:).

알겠습니다.
За, за мэдлээ.
자, 자 미뜰레:

그렇게 하겠습니다.
Тэгнэ тэгнэ.
테그네 테근.

초간편 ① 기본회화

❶ 대답하는 법!

맞습니까? / 그래요?
Үнэн үү? / Тийм үү?
우넹 우:? (우네누:?) / 팀: 우:? (티:무:?)

맞아요. / 그렇습니다.
Үнэн. / Тийм.
우넹. / 팀:.

동의합니다. / 허락합니다.
Зөвшөөрнө.
접셔:른. (접셔:르너.)

좋은(훌륭한, 멋진) 생각입니다.
Сайхан санаа байна.
사이항 사나: 바인.(바이나.)

가장 많이 쓰는 표현들입니다. 자신있게 "Yes!"

"여행회화, 기본의 기본입니다! 미리 준비해 두시면 유용하게 자주 쓸 수 있는 표현들입니다!!!"

초간편 기본회화!
Best Basic Conversation!

여행 몽골어 회화!
기본의 기본을 소개합니다.
10가지 기본 상황별로 정리했습니다!

다양한 인사법들을 연습해 보겠습니다!

안녕하십니까? (아침인사)
Өглөөний мэнд хүргэе !
어글러:니: 멘뜨 후르기이 !

안녕하십니까? (오후인사)
Өдрийн мэнд хүргэе !
어드링: 멘뜨 후르기이 !

안녕하십니까? (저녁인사)
Оройн мэнд хүргэе !
어러잉 멘뜨 후르기이 !

안녕하세요?
Сайн байна уу?
사인 바인 오:? (사임 바이노:?)

❷ 인사할 때!

안녕?
Сайн уу?
사인 오:? (사이노:?)

안녕히 계세요. (가세요)
Баяртай.
바이르태.

즐거운 하루 되세요!
Өнөөдрийг сайхан өнгөрүүлээрэй.
어너:드리:ㄲ 사이항 엉거룰:레:레.

즐거운 주말 되세요!
Амралтынхаа өдөрүүдийг сайхаи өнгөрүүлээрэй.
아므랄팅:하: 어더루:디:ㄲ 사이항 엉거룰:레:레.

인사할 때는 언제나 웃는 얼굴로 하셔야 해요~!

"여행회화, 기본의 기본입니다! 미리 준비해 두시면 유용하게 자주 쓸 수 있는 표현들입니다!!!"

초간편 기본회화!
Best Basic Conversation!

여행 몽골어 회화!
기본의 기본을 소개합니다.
10가지 기본 상황별로 정리했습니다!

자기를 소개할 때 쓸 수 있는 기본 표현들입니다!!

안녕하십니까?
Сайн байна уу?
사인 바인 오:? (사임 바이노:?)

당신과 만나서 반갑습니다.
Тантай уулзсандаа баяртай байна.
탄태 올:쯔승다: 바이르태 바인.

어떻게 지내십니까?
Сайн сууж байна уу?
사인 소:지 바인 오? (바이노:?)

잘 지냅니다.
Сайн сууж байна.
사인 소:지 바인.

❸ 자기소개할 때

내 이름은 민수입니다.
Миний нэр Миньсү.
/Намайг Миньсү гэдэг./
미니 네르 민수. /나마이끄 민수 게데끄./

저는 한국인입니다.
Би Солонгос хүн.
비 설렁거쓰 훙.

저는 학생입니다.
Би оюутан.
비 어유오탕.(어유오탕.)

당신의 이름은 무엇이죠?
Таний нэр хэн бэ?
타니: 네르 헹 베? (헴 베?)

이 정도로만 설명해도 당신은 이미 성공입니다!

"여행회화, 기본의 기본입니다! 미리 준비해 두시면 유용하게 자주 쓸 수 있는 표현들입니다!!!"

초간편 기본회화!
Best Basic Conversation!

여행 몽골어 회화!
기본의 기본을 소개합니다.
10가지 기본 상황별로 정리했습니다!

부탁하실 일이 있으면 주저하지 말고 말씀하세요!

저 좀 도와주시겠어요?
Надад жаахан туслахгүй юү?
나다쯔 자:항 토쓸라흐꾸이 유:?

저를 좀 도와주십시오.
Надад туслана уу.
나다쯔 토쓸른 오:.(토쓸르노:.)

실례합니다. 물어볼 게 있는데요.
Уучлаарай.
Нэг юм асууя.
오:칠라:래. 네끄 윰 아쏘:야.

20

초간편 ④ 기본회화

④ 부탁할 때!

당신에게 한가지 부탁 좀 드리겠습니다.
Танаас нэг юм гуйя.
타나:쓰 네끄 윰 고이야.

물론이죠.
Болно.
벌른.(벌르너.)

좀더 천천히 얘기해 주십시오.
Жаахан аяархан ярьж өгөөрэй.
자:항 아야르항 애리지/쥐/ 어거:레.

그러죠.
За, тэгье.
자, 테기.(테기예.)

도움이 필요하십니까? 이렇게 말씀하십시오~!

"여행회화, 기본의 기본입니다! 미리 준비해 두시면 유용하게 자주 쓸 수 있는 표현들입니다!!!"

초간편 기본회화!
Best Basic Conversation!

여행 몽골어 회화!
기본의 기본을 소개합니다.
10가지 기본 상황별로 정리했습니다!

도움을 받았다면
반드시 감사의
인사를 전합니다.

감사합니다.
Баярлалаа.
바야를라:.(바이를라:.)

전화해 주셔서 감사합니다.
Таны утасдасанд баярлалаа.
타니 오타쓰다승뜨 바이를라:.

대단히 고맙습니다.
Их баярлалаа.
이흐 바이를라:.

❺ 감사의 인사!

도와주셔서 감사합니다.
Тусалсан баярлалаа.
토쏠승뜨 바이를라:.

아주 많이 도움을 받았어요.
Их тус боллоо.
이흐 토쓰 벌러러:.

천만에요.
Зүгээр, зүгээр.
쭈게:르, 쭈게:르.

천만에요. 별 말씀을 다 하시네요.
Зүгээрээ, зүгээр.
쭈게:레:, 쭈게:르.

감사의 인사, 정중할수록 더욱 좋습니다~!

"여행회화, 기본의 기본입니다! 미리 준비해 두시면 유용하게 자주 쓸 수 있는 표현들입니다!!!"

초간편 기본회화!
Best Basic Conversation!

여행 몽골어 회화!
기본의 기본을 소개합니다.
10가지 기본 상황별로 정리했습니다!

전화를 할 때, 약속을 할 때 쓰는 표현들입니다.

민수 좀 부탁합니다.
Миньсү-тэй ярья.
민수테 애리야.(애리나.)

전 데요.
Би байна.
비 바인.(바이나.)

(당신) 누구 신가요?
(Та) Хэн бэ?
(타) 헹 베?(헴베?)

(당신) 전할 말씀 있으세요?
(Та) Хэлэх юм байна уу?
(타) 헬레흐 윰 바인 오:?(바이노:?)

❻ 전화, 약속!

지금 당신과 이야기할 수 있나요?
Одоо тантай ярьж болох уу?
어떠: 탄태 애리지/쥐/ 벌러흐 오:?(벌호:?)

나중에 다시 걸겠습니다.
Дараа дахиад утасдая.
다라: 다히아뜨 오타쓰다야.

(당신) 이번 주말에 시간 있으세요?
(Та) Энэ хагас, бүтэн сайнд завтай юу?
(타) 엔 하가쓰, 부텡 사인드 자브태 유오?

괜찮아요. (시간 있어요.)
Завтай, завтай.
자브태, 자브태.

전화로 약속을 정할 때는 메모를 준비하세요~!

"여행회화, 기본의 기본입니다! 미리 준비해 두시면 유용하게 자주 쓸 수 있는 표현들입니다!!!"

초간편 기본회화!
Best Basic Conversation!

여행 몽골어 회화!
기본의 기본을 소개합니다.
10가지 기본 상황별로 정리했습니다!

실례, 결례가 되었다면 말씀해 주세요~!

실례합니다.
Уучлаарай.
오:칠라:래.

미안합니다. / 죄송합니다. /
**Уучлаарай.
/Өршөөгөөрэй./**
오:칠라:래. /어르셔:거:레./

늦어서 죄송합니다.
Хожимдсонд уучлаарай.
허짐드승뜨 오:칠라:래.

초간편 7 기본회화

❼ 사과를 할 때!

당신에게 폐만 끼쳤습니다.
Танд төвөг удчихлаа.
탄뜨 터워끄 오뜨치흘라:.

(대화 중) 한 가지 말해도 됩니까?
Нэг юм ярьж болох уу?
네끄 윰 얘리지/쥐/ 벌러호 오?(벌호?)

좋습니다. 그렇게 하세요.
Болно, болно.
벌른, 벌른.(벌르너, 벌르너.)

괜찮습니다,
걱정하실 필요 없습니다.
Зүгээр зүгээр, зовох хэрэггүй.
쭈게르 쭈게르, 저워흐 헤렉꾸이.

실례가 되었다면 표정도 미안스러워야 하겠죠~!

"여행회화, 기본의 기본입니다! 미리 준비해 두시면 유용하게 자주 쓸 수 있는 표현들입니다!!!"

초간편 기본회화!
Best Basic Conversation!

여행 몽골어 회화!
기본의 기본을 소개합니다.
10가지 기본 상황별로 정리했습니다!

궁금한 모든 것을 물어 볼 수 있습니다!

(당신) 뭐라고 그러셨지요?
(Ta) Юу гэж хэлсэн бэ?
(타) 유오 게지/쥐/ 헬승 베?(헬씀 베?)

그게 무슨 뜻이죠?
Тэр ямар утгатай вэ?
테르 야마르 오탁끄태 웨?

(당신) 좀 크게 말씀해 주시겠어요?
(Ta) Жаахан чанга ярьж өгөхгүй юу?
(타) 자:홍 창가 애리지/쥐/ 어거흐 꾸이 유:?

초간편 8 기본회화

❽ 물어볼 때!

철자를 좀 알려주시겠어요?
Үсгээр хэлж эгөөрэй.
우쓰게:르 헬지/쥐/ 어거:레.

이 근처에 은행이 어디에 있습니까?
Энэ хавьд банк хаа /хаана/ байна (вэ) ?
엔 하비뜨 방크 하 /한:/ 바인 (웨) ?

저기 오른쪽입니다.
Тэнд, баруун талд байгаа.
텐뜨, 바롱: 탈뜨 바이가:.

(저) 길을 잃었어요.
(Би) Төөрчихжээ. /Төөрчихлөө./
(비) 터:르치흐제:. /터:르치흘러:./

잘 모르시겠다구요? 다시 한번 더 물어 보세요~!

"여행회화. 기본의 기본입니다! 미리 준비해 두시면 유용하게 자주 쓸 수 있는 표현들입니다!!!"

초간편 기본회화!
Best Basic Conversation!

여행 몽골어 회화!
기본의 기본을 소개합니다.
10가지 기본 상황별로 정리했습니다!

날씨와 시간에 대해 이야기 하는 방법들입니다!

> 오늘 날씨가 어떻습니까?
> Өнөөдөр цаг агаар /цаг уур/ ямар байна вэ?
> 어너:떠르 차끄 아가:르 /차끄 오:르/ 야마르 바인 웨?
>
> ---
>
> 비가 올 것 같습니다.
> Бороо орох гэж байна.
> 버러: 어러흐 게지/쥐/ 바인.
>
> ---
>
> 날씨가 좋군요. 그렇죠?
> Агаар сайн байна. тийм ээ ?
> 아가:르 사인 바인.(사임 바인.) 팀:에:?(티:메:?)
>
> ---
>
> 지금 몇 시입니까?
> Одоо хэдэн цаг болж байна (вэ) ?
> 어떠: 헤뎅 차끄 벌지/쥐/ 바인 (웨) ?

❾ 날씨와 시간!

12시 30분이에요.
Арван хоёр цаг хагас болж байна. /Арван хоёр хагас./
아르왕 허여르 차끄 하가쓰벌지/쥐/ 바인. /아르왕 허여르 하가쓰./

오늘은 무슨 요일입니까?
Өнөөдөр хэд дэх өдөр вэ?
어너:떠르 헤뜨 데흐 어더르 웨?

오늘 며칠입니까?
Өнөөдөр хэдэн бэ?
어너:떠르 헤뎅 베? (헤뜸 베?)

5월 5일입니다.
Тав дугаар сарын тавны өдөр. /Тав дугаар сарын таван./
타우 도가:르 사링: 타우니: 어더르. /타우 도가:르 사링: 타왕./

요일과 날짜를 물을 때 쓰는 방법도 기억해 둡니다.

"여행회화, 기본의 기본입니다! 미리 준비해 두시면 유용하게 자주 쓸 수 있는 표현들입니다!!!"

초간편 기본회화!
Best Basic Conversation!

여행 몽골어 회화!
기본의 기본을 소개합니다.
10가지 기본 상황별로 정리했습니다!

위급한 경우에
쓸 수 있는 표현
들입니다!

> 앰불런스를 좀 불러주세요.
> Түргэн (тусламжын) машин
> дуудаж өгөөрэй.
> 투르겡 (토슬람징:) 마신 도:따지/
> 쥐/ 어거:레.
>
> ---
>
> 응급상황입니다.
> Шуурхай арга хэмжээ
> авах ёстой.
> 쇼:르하이 아라그 헴제: 아와흐 여쓰테.
>
> ---
>
> 경찰을 좀 불러주세요.
> Цагдаад уудаж өгөөрэй.
> 차끄따 도:따지/쥐/ 어거:레.
>
> ---
>
> 발목을 삐었어요.
> Шагайгаа булгалсан.
> 샤가이가: 볼갈승.

초간편 ⑩ 기본회화

⑩ 긴급할 때!

현기증이 납니다.
Толгой эргэж байна.
털거이 에르게지/쥐/ 바인.

팩스가 작동되지 않습니다.
ФАХ ажиллахгүй байна.
팍쓰 아질라흐꾸이 바인.

차가 고장났습니다.
Машин эвдэрсэн байна.
마신 엡뜨르승/쏨/ 바인.

타이어가 펑크났습니다.
Дугуй хагарлаа.
 /хагарсан./
도고이 하가를라:. /하가르승/

긴급구조 요청을 할 때는 말을 보다 더 또박또박!!

"여행회화, 기본의 기본입니다! 미리 준비해 두시면 유용하게 자주 쓸 수 있는 표현들입니다!!!"

Mongolia

알고 떠나자!
한눈에 보는 지역학 정보!

몽골! Mongolia

몽골

우리 민족과 가장 비슷한 얼굴형태를 가지고 있는 민족인 몽골! 몽골의 공식 명칭은 몽골리아(Mongolia)로서, 몽골(Mongol)이란 말은 원래는 '진정한 중심'이라는 의미를 가진 말이었으나, 징기스함(징기스칸)에 의해 통일된 몽골 부족의 발전에  따라 민족명 및 지역명으로 변화되었습니다. 과거에 사용하던 몽고라는 명칭은 중화사상을 가진 중국인들이 주변민족들을 '몽매한 야만인'으로 경멸하였던 것이 청나라 이후 몽고라고 부른데서 유래한다고 합니다.

위치 : 중앙아시아 고원지대 북방에 위치한 내륙국가로서 북쪽으로는 러시아, 남쪽으로는 중국과 접경해 있습니다.

면적 : 1,567,000 평방km로서 세계에서 17번째로 큰 나라이며, 한반도의 약 7.4배에 해당됩니다.

"여행회화, 기본의 기본입니다! 미리 준비해 두시면 유용하게 자주 쓸 수 있는 표현들입니다!!!"

수도 : 올란바타르(Ulaanbaatar)로서 '붉은 영웅'이라는 뜻을 가지고 있습니다.

정부형태 : 국회 중심의 이원집정부제

독립일 : 1921. 7.11(구 소련과 연합하여 중국으로부터 독립하였으나 1990년 이후 구 소련의 멸망과 민주개혁으로 인해서 사회주의에서 자유시장경제로 전환되었습니다.)

국가선포일 : 1924. 11.26

국화 : 연꽃

주요 도시 : 주요 산업 및 무역도시로는 울란바타르, 다르항, 초이발산, 에르데네트, 사인샹뜨, 자밍:우뜨, 수흐바타르 등이 있습니다.

인구 : 약 247만명으로서 그 중 약 87만명이 수도에 거주하고 있습니다.

인종 : 할흐몽골족이 79%로 대부분을 차지하며 그외에 카자흐족, 중국계 등 17개 부족으로 구성되어 있습니다.

언어 : 표준어인 할흐몽골어를 사용하고 있습니다.

문자 : 키릴문자

화폐 : 투그릭(Tugrik)이며 화폐의 종류는 1, 5, 10, 20, 50, 100, 500, 1000, 5000, 10,000tg의 지폐가 있습니다.

종교 : 티벳불교인 라마불교를 국민의 90% 이상이 믿고 있으며, 그외에 이슬람교가 5% 정도이고 1990년 이후에는 개신교 및 카톨릭의 전파로 소수의 신자들이 형성되어 있습니다.

기후 : 전형적인 대륙성 기후로서 눈비가 적으며 바람이 많은 곳입니다. 겨울과 여름 및 남북간의 기온차가 심하며 사계절은 뚜렷하지만 겨울이 10월 중순에서 4월까지로 길고 여름은 7, 8월로 짧습니다. 평균 기온은 여름에는 영상 25도이고 겨울에는 영하 35도이나 습기가 없고 건조하여 겨울의 체감온도는 우리의 겨울보다 조금 더 추운 정도입니다. 또한 1년 중 250여일 정도가 구름이 없는 맑은 날씨이므로 맑고 높은 하늘을 항시 볼 수가 있습니다.

시차 : 우리나라보다 1시간 늦습니다. 그러나 4월~10월까지는 Summer Time이 실시되므로 우리나라와의 시차가 없습니다.

공휴일 : 신년휴일(1.1), 차강사르(우리의 음력설에 해당하는 명절로서 몽골력으로 1.1~1.2), 여성의 날(3.8), 어린이날, 모자의 날(6.1), 나담축제(7.11~7.13), 국가선포일(11.26)

주요자원 : 석탄, 금, 철, 동, 형석, 우라늄, 몰리브덴 등의 광물질이 풍부하게 매장되어 있습니다.

무역 : 석탄, 철, 금 등의 광물질 및 캐시미어, 피혁제품 등을 주로 수출하고 일상 소비재나 기계류 등을 수입합니다. 무역 상대국으로는 중국, 러시아, 한국, 미국, 일본 등이 있습니다.

"여행회화, 기본의 기본입니다! 미리 준비해 두시면 유용하게 자주 쓸 수 있는 표현들입니다!!!"

여행시 주의사항 :

여행지에서 난처한 상황에 처하지 않기 위해서 다음의 사항에 유의하도록 합니다.

❶ 밤 늦게까지 혼자 다니지 않도록 합니다. 간혹 만취한 사람을 만났을 경우에 뜻밖의 곤욕을 치룰 수가 있습니다.

❷ 외출시에 큰돈은 가지고 다니지 말도록 하며, 특히 혼잡한 버스 안이나 야외시장 등에서 소매치기를 당하지 않도록 주의합니다.

❸ 여권은 복사본과 원본을 구별하여 보관하도록 합니다.

❹ 신호등이 없는 곳이 많으므로 길을 건널 때 주의하도록 합니다.

❺ 음식물은 비교적 큰 슈퍼에서 구입하도록 합니다.

❻ 환전시, 20, 50달러 등의 작은 단위 지폐를 충분히 준비하도록 하며, 출국시에 사용할 공항 출국세 12달러는 남겨두도록 합니다.

1. 출발전 준비!

해외여행에 앞서 반드시 준비되어야 할 것들이 있습니다. 우선 기본적으로 갖추어야 할 것으로 ❶ 여권, ❷ 비자, ❸ 각종 증명서 발급, ❹ 항공권, ❺ 환전 및 여행자 보험 가입, ❻ 여행정보수집 등을 들 수 있습니다.

❶ 여권의 준비!

여권의 종류 : 여권은 '대한민국 국민임을 증명하는 증명서' 입니다. 외국에서의 안전을 보장해 주는 신분증이기에 가장 중요한 준비물입니다. 여권의 종류는 관용여권과 일반여권으로 나뉘며, 여행자들이 받게되는 일반여권은 유효기간에 따라 복수여권(5년), 단수여권(1년)으로 나뉩니다. 복수여권은 5년간 사용횟수에 제한이 없기 때문에 일반적으로 많이 신청하는 편입니다.

빠르게 찾고 쉽게 말하는 여행회화! 여러분의 여행을 보다 즐겁고 편안하게 만들어 드립니다!!

비자 | 각종 증명서!

여권의 신청 : 여권은 시, 구청 여권과에서 발급하며, 보통 2~3일 소요됩니다. (지방 시, 군청은 7~10일 소요) 여권 신청서류는 ⓐ 여권발급 신청서, ⓑ 주민등록등본 1통, ⓒ 주민등록증이나 운전면허증, ⓓ 여권용 사진 2매, ⓔ 병역서류 (국외여행허가서), ⓕ 발급비(복수여권:45,000원, 단수여권:15,000원) 등입니다.

❷ 비자의 준비!

비자(VISA)는 '입국사증', 즉 '입국을 허락하는 증명서'로서 해당 여행국가의 주한대사관에서 받을 수 있습니다.

몽골의 경우, 관용여권은 30일 이내 체류시에는 무비자이며, 그 이상 머무를 경우에는 비자발급을 받아야 합니다. 비자 신청시 필요한 서류로는 6개월 이상 기간이 남은 여권과 여권용 사진 1매이며, 단수비자와 복수비자의 유효기간은 발급일로부터 3개월입니다.

❸ 각종 증명서!

각종 할인혜택과 더불어 여행을 더욱 편리하게 해주는 각종 증명서들이 있습니다. 미리 준비해 두면 유용하게 쓸 수 있고, 보다 경제적인 여행을 할 수 있습니다.

ⓐ **국제학생증** : 국제학생여행연맹이 발급하는 전세계 어

1. 출발전 준비!

디에서나 통용되는 학생증입니다. 신청서류는 학생증사본, 반명함판 사진 1매, 신청서, 수수료이고, 발급장소는 국제학생여행사(02-733-9494)이며, 발급 후 1년간 유효합니다.
http://www.isic.co.kr

ⓑ 유스호스텔회원증 : 여행자를 위한 숙소인 세계 각국의 유스호스텔을 사용할 수 있는 회원증입니다. 신청서류는 회원신청서 1부이며, 발급장소는 한국유스호스텔연맹(02-725-3031)이나 각 지방 유스호스텔연맹에서 신청 가능합니다.
http://www.kyha.or.kr

✚ 그밖의 여행준비물!

그밖에 필요한 여행준비물들로는 먼저 ⓐ 옷가지(해당지역의 기후에 맞게 2~3벌), 우비 또는 우산, 양말, 속옷(3~4벌)이 필수적이며, 비지니스맨이라면 색상이 다른 와이셔츠와 넥타이 세 벌씩은 기본입니다. ⓑ 위생용구(수건, 세면도구, 화장품, 비상약품 - 감기약, 소화제, 정로환, 반창고, 붕대, 물파스)가 필요할 것이며, 그리고 ⓒ 작은 배낭, 전대, 맥가이버칼, 간단한 인스턴트 식품류 2~3일분, 소형 계산기, 카메라, 필름 등을 준비하면 됩니다. 그리고 가능하다면 읽을 만한 책 한 권 정도를 함께 준비하면 여행은 훨씬 더 풍성해질 것입니다.

빠르게 찾고 쉽게 말하는 여행회화! 여러분의 여행을 보다 즐겁고 편안하게 만들어 드립니다!!

❶ 항공권의 예약!

❶ MIAT항공사(몽골민항)입니다. 말씀하십시오.

❷ 고비행 항공편의 예약을 하고 싶습니다.

❸ ~행 항공편을 예약하고 싶습니다.

❹ 언제 가십니까?

❺ 이번 금요일에 갈 생각입니다.

❻ 금요일 오후에 출발하는 비행기가 있나요?

❼ 왕복 티켓료는 얼마입니까?

❽ 이코노미 클래스(2등석)로 주십시오.

❾ 그 비행편으로 예약하겠습니다.

1. 출발전 준비!

❶ МИАТ–ийн билетийн газар. (байна.)
미아팅: 빌레팅: 가짜르.(바인.)

❷ Говь руу нисэх билэт захиалах гэсэн юм.
거비/고비/로 니쎄흐 빌레트 자히알라흐 게승 움.(게쓰임.)

❸ ~ руу нисэх билэт захиалах гэсэн юм.
로 니쎄흐 빌레트 자히알라흐 게승 움.(게쓰임.)

❹ Хэзээ явах вэ?
히쩨: 야와흐 웨?

❺ Энэ тав дах өдөрт явах санаатай.
엔 타브따흐 어더르트 야와흐 사나:태.

❻ Тав дах өдрийн үдээс хойш нисэх онгоц байна уу?
타브따흐 어드링: 우데:쓰 허이시/쉬/ 니쎄흐 엉거츠 바인 오:?

❼ Хоёр талын билет ямар үнэтэй (вэ)?
허여르 탈링: 빌레트 야마르 운테 (웨)?

❽ Хоёрдугаар зэргийн суудалаар авъя.
허여르도가:르 제르깅: 소:들라:르 아위.(아위야.)

❾ Тэр онгоцоор захиалъя.
테르 엉거처:르 자히알리.(자히알리야.)

❷ 예약확인 취소변경

❶ MIAT항공사(몽골민항)입니다.

❷ 항공권 예약 재확인을 하고 싶습니다.

❸ 이 예약을 취소해 주십시오.

❹ 예약을 변경하고 싶습니다.

❺ 성함과 비행기 번호를 말씀해 주시겠습니까?

❻ 제 이름은 김기성입니다.

❼ 저의 항공편 번호는 M619입니다.

1. 출발전 준비!

❶ МИАТ–ийн билетийн газар (байна.)
미아팅: 빌레팅: 가짜르 (바인.)

❷ Билет захиалсаныг баталгаажуулмаар байна.
빌레트 자히알쓰니끄 바틀가:쥴:마:르 바인.

❸ Энэ захиалгыг цуцлах гэсэн юм.
엔 자히알라기:끄 초츨라흐 게승 윰.(게쓰임.)

❹ Захиалгыг өөрчилөх гэсэн юм.
자히알라기:끄 어:르칠러흐 게승 윰.(게쓰임.)

❺ Нэр болон онгоцны номер хэлж өгөхгүй юү?
네르 벌렁 엉거츠니: 너미르 헬지/쥐/ 어거흐꾸이 유:?

❻ Миний нэр Ким Гисонг.
미니: 네르 김기성.

❼ Онгоцны номер /дугаар/ нь M619.
엉거츠니: 너미르 /도가:르/ 은 엠 조르강 죵: 아르왕 유쓰./엠 조르가 네끄 유쓰./

항공권 관련 단어

여행사	жуулчны газар 졸:치니: 가짜르
항공사	агаарын тээврийн компани 아가:링: 테:우링: 캄판
항공권	онгоцны билет 엉거츠니: 빌레트
예약	захиалах 자히알라흐
확인	баталгаажуулах 바틀가:졸:라흐
취소	цуцлах 초츨라흐
변경	өөрчилөх 어:르칠러흐
스케줄	төлөвлөгөө 털러블러거:
편도항공권	нэг талын билет 네끄 탈링: 빌레트
왕복항공권	хоёр талын билет 허여르 탈링 빌레트
1등석	нэгдүгээр зэргийн суудал 네끄두게:르 제르깅: 소:들
2등석	хоёрдугаар зэргийн суудал 허여르도가:르 제르깅: 소:들
항공편명	онгоцны номер /дугаар/ 엉거츠니: 너미르 /도가:르/ нислэгийн дугаар 니쓸레깅: 도가:르
시간표	цагийн хуваарь 차깅: 호위와:르
좌석번호	суудалын номер /дугаар/ 소:들링: 너미르 /도가르/
운임	тээврийн үнэ 테:우링: 운

2. 출국수속!

❶ 출국준비의 순서!

공항에서의 출국수속은 크게 다음과 같이 진행됩니다. 공항에 도착하시면 다음과 같은 순서로 출국수속을 밟으세요.

❶ 병무신고(남자 : 공항병무신고 사무소 3층 A카운터에서 확인필증 교부), ❷ 항공사 체크인(자신이 이용할 항공사 카운터로 이동해서 비행기 좌석번호와 수하물표를 받음), ❸ 관광진흥기금 구입(자동판매기 이용) 및 환전(공항 환전소나 공항내 면세점 구역 환전소 이용), ❹ 출입국신고서 작성(출국심사대 앞에 비치되어 있음), ❺ 비행기 탑승수속, ❻ 세관신고(고가품은 신고필증(**custom stamp**)을 교부 받도록 함), ❼ 보안검색(금속탐지문 통과), ❽ 출국심사(탑승권, 여권, 출입국신고서

공항에서의 상식

를 제출하면 심사관이 확인한 후 날인과 함께 출입국신고서의 한쪽을 절취해 여권에 부착해 줍니다.), ❾ 탑승 게이트로 이동, ❿ 탑승의 순서로 임하시면 되겠습니다.

공항에는 최소한 2~3시간 전에 도착하도록 하며, 비행기 출발 30분 전에는 탑승게이트 대기실에 도착해 있어야 합니다.

❷ 인천국제공항 상식

ⓐ **공항까지의 교통편** : 국제선 이용 승객은 인천국제공항을 이용합니다. 인천국제공항까지는 인천국제공항 전용고속도로(40.2km)를 이용합니다. 서울에서 인천공항까지의 이동 방법으로는 리무진 버스(서울역-인천국제공항간 75분 소요), 택시(60분 소요), 지하철(5호선 방화역, 김포공항 리무진 버스로 환승)을 이용하실 수 있습니다. 운송화물을 미리 보낼 경우, 김포 도심 터미널이나 삼성동 서울 도심공항 터미널을 이용하시면 공항 이용료가 할인됩니다.

> 인천국제공항 : **www.airport.or.kr**
> 서울 도심공항터미널 : **www.kcat.co.kr**

ⓑ **공항 면세점** : 출국심사를 마치고 탑승게이트 쪽으로 들어서면 공항 면세점이 중앙에 있습니다. 선물(시계, 화장품, 향수, 민속상품, 기념품)이나 기호품(담배, 술, 초콜릿, 문구류, 필름)을 할인된 가격으로 살 수 있습니다.

2. 출국수속!

❸ 공항에서 할 일!

ⓐ **병무신고** : 만 18세 이상 30세까지의 병역미필자는 인천국제공항 청사 3층에 있는 병무신고소에 거주지 동사무소로부터 발급 받은 신고필증을 제출하고, 확인필증을 교부받으면 됩니다.

ⓑ **항공사 데스크에서의 보딩패스** : 항공사 데스크로 가서 여권, 항공권을 제시하면 비행기내 좌석번호를 받게 됩니다. 그리고 탁송할 화물들을 계근대 위에 올려 놓으면 항공사 직원은 확인 후 수하물표(**claim tag**)를 가방에 달아 주고, 화물의 인환증을 항공표 뒷면에 붙여 줄 것입니다. 이때 인환증의 갯수와 행선지 표시를 반드시 확인해 만약 하물이 분실되었을 경우를 대비해야 합니다.

ⓒ **출국수속** : 관광진흥기금을 내고 출국심사장으로 들어 가면 곧바로 세관을 통과하게 되고 출국심사대 앞에 서게 됩니다. 이때는 여권, 항공권, 출국신고서를 심사대 직원에게 제출하면 됩니다. 직원은 여권의 유효관계를 확인하고 출국심사확인표를 여권에 붙여 줍니다.

✚ 출입국신고서 작성

출입국신고서는 탑승수속 카운터 앞쪽에 마련된 테이블에 비치되어 있는 출입국신고서(**E/D Card**) 양식에 작성하면 됩니다. 양식은 한글, 한자, 알파벳으로 작성합니다.

① 보딩패스! 1.

❶ 비행기표를 보여 주시겠습니까?

❷ 여기 있습니다.

❸ 창측에 앉으시겠습니까? 통로측에 앉으시겠습니까?

❹ 창측 좌석을 원합니다.

❺ 통로측(안쪽) 좌석을 원합니다.

❻ 네, 여기 있습니다. 좌석번호는 30-A입니다.

❼ KAL카운터로 이 짐을 운반해 주시겠어요?

❽ 짐이 있습니까?

❾ 네, 있습니다.

2. 출국수속!

① **Та билетээ үзүүлнэ үү./үзүүлээрэй./**
타 빌레테: 우쭐:른 우:.(우쭐:르누:)/우쭐:레:레./

② **Энд байна.**
엔뜨 바인.

③ **Та цонхон талд суух уу? Дотор талд суух уу?**
타 청홍 탈뜨 소호 오:?(소호:?) 더터르 탈뜨 소호 오:?

④ **Цонхон талын суудалд сууя.**
청홍: 탈링: 소:들뜨 소:야.

⑤ **Дотор талын суудалд сууя.**
더터르 탈링: 소:들뜨 소:야.

⑥ **За, энд байна. Суудалын номер нь 30–А.**
자, 엔뜨 바인. 소:들링: 너미른 고치–A.

⑦ **КАЛ–ын бүртгүүлэх газарт энэ ачааг хүргээж өгнө үү.**
칼–링 부르트굴:레흐 가짜르트 엔 아차:끄 후르게: 지/쥐/ 어근 우:(어그누:)

⑧ **Ачаа тээштэй юу?**
아차: 테:쉬테 유:?

⑨ **Тийм, ачаа тээштэй.**
팀:, 아차: 테:쉬테.

빠르게 찾고 쉽게 말하는 여행회화! 여러분의 여행을 보다 즐겁고 편안하게 만들어 드립니다!!

❷ 보딩패스! 2.

❿ 짐은 3개입니다.

⓫ 몇 번 게이트입니까?

⓬ 3번 게이트는 어디입니까?

⓭ 7번 게이트를 가르쳐 주시겠습니까?

⓮ 수하물 초과요금이 얼마입니까?

⓯ 비행기는 몇시에 출발합니까?

⓰ 면세점은 어디에 있습니까?

2. 출국수속!

❿ 3 ачаа байна.
고르왕 아차: 바인.

⓫ Хэддүгээр орц юм бэ?
헤뜨두게:르 어르츠 윰 베?

⓬ Гуравдугаар орц нь хаана байдаг вэ?
고롭도가:르 어르츠 은 한: 바이뜩 웨?

⓭ Долдугаар орцыг зааж өгөхгүй юу?
덜도가:르 어르치:끄 자:지/쥐/ 어거흐꾸이 유:?

⓮ Илүү ачаанд хэдийг төлөх вэ?
일루: 아찬:뜨 헤디:끄 털러흐 웨?

⓯ Онгоц хэдэн цагаас нисэх вэ?
엉거츠 헤뎅 차가:쓰 니쎄흐 웨?

⓰ Татваргүй дэлгүүр(DUTY FREE) нь хаана байна (вэ)?
타트와르구이 델구:르 은 한 바인 (웨)?

✚ 탑승 관련 단어

공항	нисэх онгоцны буудал
	니쎄흐 엉거츠니: 보:들
국제공항	олон улсын нисэх онгоцны буудал
	얼렁 올쓰잉: 니쎄흐 엉거츠니: 보:들
검역	ариун цэврийн байцаалт
	아리옹 체우링: 바이찰:트
수화물	гар тээш 가르 테:시/쉬/
화물보관소	тээш хадгалах газар
	테:시/쉬/ 하뜨갈라흐 가짜르
탑승구	онгоцонд суух орц
	엉거층뜨 소:흐 어르츠
대합실	хүлээн авалтын өрөө /танхим/
	홀렝 아왈팅: 어러: /탕힘/
화물	ачаа тээш 아차: 테시/테:쉬/
여권	паспорт 파스포르트
짐표	ачааний тасалбар 아차:니: 타쓸바르.
비행기편명	онгоцны нислэгийн номер /дугаар/
	엉거츠니 니쓸레깅: 너미르 /도가:르/
국제선	олон улсын нислэгийн шугам
	얼렁 올쓰잉: 니쓸레깅: 쇼감
국내선	дотоодын нислэгийн шугам
	더터:딩 니쓸레깅: 쇼감
항공사카운터	онгоцны бүртгүүлэх газар
	엉거츠니: 부르트굴:레흐 가짜르
탑승권	онгоцонд суух тасалбар
	엉거츤뜨 소:흐 타쓸바르
비자	виз 비즈
항공권	онгоцны билет 엉거츠니: 빌레트

3. 출발! 기내에서

❶ 기내의 안전수칙!

ⓐ **지정좌석** : 기내에서는 지정된 좌석에 앉아야 합니다. 짐은 머리 위쪽의 선반에 넣습니다. 안전을 위해 무거운 짐은 다리 아래 놓습니다. 승무원의 지시에 따라 이착륙시에는 좌석에 앉고, 반드시 안전밸트를 착용합니다. 좌석상단의 메시지 램프에는 안전고도에서 정상운행 중일지라도 기류에 따라 경고등이 표시되곤 합니다. 이때 '**No Smoking**'은 '금연'을, '**Fasten Seat Belt**'는 '안전벨트를 매시오.' 라는 뜻입니다.

ⓑ **좌석의 조정** : 비행기의 좌석은 뒤로 젖힐 수 있게 되어 있어 장거리 여행시에는 뒤로 눕혀 잠을 잘 수도 있습니다. 그러나 이착륙시나 식사 때는 의자를 바로 세워 정위치로 만듭니다. 눕힐 때는 뒷좌석의 손님에게 양해를 구하거나 천천히 젖히는 것이 바람직합니다. 자리가 불편한 경우 승무원에게 부탁하면 다른 자리로 옮길 수 있습니다.

빠르게 찾고 쉽게 말하는 여행회화! 여러분의 여행을 보다 즐겁고 편안하게 만들어 드립니다!!

기내에서의 상식!

ⓒ **안전사항** : 비행기 멀미를 하시는 분이라면 좌석 앞주머니에 준비되어 있는 구토용 봉지를 사용하시거나, 호출버튼을 눌러 스튜어디스에게 찬음료나 진정제 등을 부탁할 수 있습니다. 그리고 기내 주요 유의사항으로는 비행기 안전운항에 장애가 될 수 있기 때문에 모든 전자제품의 사용을 금하는 것과, 다른 승객에게 불편이 될 수 있기 때문에 기내에서는 금연이라는 것, 그리고 흉기의 기내 반입은 절대 금지되고 있음을 기억해 주십시오.

❷ 기내의 식사!

기내식으로 제공되는 것으로는 식사, 차, 주류 및 청량음료 등이 있습니다. 좌석의 등급별로 식사는 다르게 나오며, 본인이 못 먹는 음식은 피할 수도 있습니다. (채식식단과 육식식단이 함께 준비되기 때문에 선택적으로 주문이 가능합니다.) 기내식은 통상 이륙 후 3~4시간 후에 서비스됩니다.

음료는 식사 때가 아니더라도 필요하면 언제라도 주문이 가능하며, 기내에서는 탄산음료보다는 물이나 과일 주스류가 좋습니다. 주류는 제한된 양이지만 맥주 한두 캔이나 와인 한두 잔은 무료로 서비스됩니다. 그러나 기내에서의 음주는 기압과 안전을 고려해 평소 주량의 1/3 정도만 드시는 것이 좋습니다.

❸ 기내의 서비스들!

장시간의 비행이 이루어지는 노선은 비행시간에 따라 한두 편 정도의 최신 영화들이 상영됩니다. 팔걸이에 장치된 다

3. 출발! -기내에서-

이얼과 좌석 주머니의 이어폰을 사용하여 영화나 스포츠방송을 볼 수 있고, 팝송, 컨트리송, 가요, 클래식 등 쟝르별로 음악을 즐길 수도 있습니다. 영화나 방송의 내용 그리고 음향이나 채널의 안내는 앞에 비치된 안내책자를 참고하십시오. 그밖에 각국의 신문, 잡지 및 트럼프·바둑 등 오락기구도 구비되어 있어서 필요시엔 승무원에게 요구하시면 됩니다. 이들 오락기구는 대부분 승객들에게 서비스되는 것들로 기념품으로 가져가도 됩니다. (헤드폰과 담요는 반납해야 함.)

❹ 기내의 면세쇼핑!

기내에서는 양주, 담배, 향수, 시계, 화장품, 스카프, 완구 등의 기호품과 선물용품들이 면세된 가격으로 판매됩니다. 세계적으로 유명한 제품들이 선정되어 구비되어 있으며, 주문과 배달도 가능합니다. 쇼핑 품목 및 수량은 도착국의 반입 허용량을 고려하시어 구입하는데, 보통 양주 1병, 담배 20갑 정도가 적정 수준이 되겠습니다.

✚ 기내화장실 상식!

기내 화장실은 남녀 공용입니다. 화장실의 현재 사용상태는 벽면의 표시등으로 표시됩니다. 사용중이면 **'Occupied'**, 비어있을 때는 **'Vacant'**라는 표시등에 불이 켜집니다. 화장실로 들어갈 때는 문을 밀어서 열고, 나올 때는 잡아 당겨서 문을 엽니다. 화장실의 사용법은 일반 수세식변기 사용과 같으며, 사용한 휴지는 쓰레기통에 버려야 합니다. 이착륙시 또는 이상 기류로 기체가 흔들릴 때는 **'Return to seat'**(좌석으로 돌아가라.)라는 표시등이 켜지게 됩니다. 이럴 땐 서둘러 자리로 돌아가도록 합니다. 그리고 화장실도 금연구역이기 때문에 유의해야 합니다.

Toilet

빠르게 찾고 쉽게 말하는 여행회화! 여러분의 여행을 보다 즐겁고 편안하게 만들어 드립니다!!

① 기내 입구에서!

❶ 탑승권을 보여 주시겠습니까?

❷ 여기 있습니다.

❸ 손님 좌석은 20-A입니다.

❹ 손님 좌석은 저기 창가 쪽입니다.

❺ 고맙습니다.

❻ 실례합니다. 제 자리는 30-A입니다.

❼ 좌석 30-A는 어디입니까?

❽ 손님 좌석은 저쪽 통로 쪽입니다.

❾ 이 좌석이 어디입니까?

3. 출발! -기내에서-

❶ (Онгоцонд суух) Тасалбарыг үзүүлнэ үү.
(엉거쯘뜨 소:흐) 타쓸바리:끄 우쭐:른 우:.(우쭐:르누:)

❷ Энд байна.
엔뜨 바인.

❸ Таны суудал нь хорь–А байна.
타니: 소:들 른 허리–아 바인.

❹ Таны суудал нь тэнд цонхон талд байна.
타니: 소:들 른 텐뜨 청흥 탈뜨 바인.

❺ Баярлалаа.
바야를라:.(바이를라:.)

❻ Уучлаарай. Миний суудал нь 30–А байна.
오:칠라:래. 미니: 소:들 른 고치–아 바인.

❼ 30–А суудал нь хаа байна (вэ) ?
고치–아 소:들 른 하: 바인 (웨)?

❽ Таны суудал нь тэнд дотор талд байна.
타니: 소:들 른 텐뜨 더터르 탈뜨 바인.

❾ Энэ суудал хаа байна (вэ) ?
엔 소:들 하: 바인 (웨)?

❷ 기내 좌석에서!

❶ 자리 좀 바꾸어 주실 수 있습니까?

❷ 네, 뒤쪽에 빈자리가 많이 있습니다.

❸ 통로쪽 자리였으면 좋겠습니다.

❹ 실례합니다만, 이쪽으로 지나가도 될까요?

❺ 이 자리에 앉아도 되겠습니까?

❻ 죄송합니다만, 여긴 제자리 같습니다.

❼ 좌석을 제 위치로 해 주십시오.

❽ 의자를 조금 뒤로 젖혀도 되겠습니까?

❾ 화장실은 어디입니까?

3. 출발! -기내에서-

① Суудлаа сольж өгч болох уу?
소:들라: 서일지/쥐/ 어그치 벌러흐 오:?(벌호:?)

② Болно, ард сул суудал их байна.
벌른, 아르뜨 솔 소:들 이흐 바인.

③ Дотор тал байвал сайн байна.
더터르 탈 바이블 사인 바인.

④ Уучлаарай, ийшээ явж болох уу?
오:칠라:래, 이:셰: 야브지/쥐/ 벌러흐 오:?(벌호?)

⑤ Энэ суудал дээр сууж болох уу?
엔 소:들 데:르 소:지/쥐/ 벌러흐 오:?(벌호?)

⑥ Уучлаарай, энэ миний суудал шиг байна.
오:칠라:래, 엔 미니: 소:들 식 바인.

⑦ Суудлаа угаасаа байсанаар урагшлуулаарай.
소:들라: 오가:싸: 바이쓰나:르 오락끄쉬롤:라:래.

⑧ Суудлаа жаахан хойшлуулж болох уу?
소:들라: 자:홍 허이쉬롤:지/쥐/ 벌호:?

⑨ Бие засах газар нь хаа байна (вэ)?
비이 자싸흐 가짜.른 하: 바인 (웨)?

❸ 기내식의 주문!

❶ 닭고기를 드시겠습니까? 쇠고기를 드시겠습니까?

❷ 쇠고기요리로 주세요.

❸ 커피를 마시겠습니까? 차를 마시겠습니까?

❹ 커피로 주세요.

❺ 밀크커피 드릴까요?

❻ 아니요, 블랙으로 주세요.

❼ 손님, 식사 다 하셨습니까?

❽ 네, 잘 먹었습니다.

❾ 아직 안 먹었습니다.

3. 출발! -기내에서-

❶ Тахианы мах идэх үү? Үхрийн мах идэх үү?
타히아니: 마흐 이뜨 후? 우흐링: 마흐 이뜨 후:?

❷ Үхрийн мах идье.
우흐링: 마흐 이띠.(이띠예.)

❸ Кофе уух уу? Цай уух уу?
커피 오:호? 차이 오:호?

❹ Кофе ууя.
커피 오:이.(오:야.)

❺ Сүүтэй кофе авах уу?
수:테 커피 아:호:?

❻ Үгүй, хар кофе авъя.
우구이(우구), 하르 커피 아위.(아위야.)

❼ Та хоолоо сайн идсэн үү?
타 헐:러: 사인 이뜨쓰누:?

❽ Сайн идсэн.
사인 이뜨승.

❾ Арай идээгүй.
아라이 이떼:구이.

④ 기내에서의 쇼핑!

❶ 여기에서 면세품을 팝니까?

❷ 볼펜 있습니까?

❸ 네, 있습니다.

❹ 한 다스에 얼마입니까?

❺ 18달러입니다.

❻ 위스키 2병 주세요.

❼ 담배 있습니까?

❽ 1상자 주세요.

❾ 한국돈으로 지불해도 됩니까?

3. 출발! -기내에서-

① Энд татваргүй бараа зарч байна уу?
엔뜨 타트와르구이 바라: 자르치 바이노:?

② Үзэг байна уу?
우쩨끄 바이노?

③ Байна.
바인.(바이나.)

④ Нэг хайрцаг нь хэд вэ?
네끄 하이르차근 헤뜨 웨?

⑤ 18 доллор байна.
아르왕 나임 덜러르 바인.

⑥ 2 шил виски авъя.
허여르 실 위스키 아위.(아위야.)

⑦ Тамхи байна уу?
탐히(타미흐) 바이노?

⑧ Нэг боодлоор авъя.
네끄 버:들러:르 아위.(아위야.)

⑨ Солонгос мөнгөөр төлж болох уу?
설렁거쓰 멍거:르 털지/쥐/ 벌호:?

⑤ 기내에서의 요구!

❶ 몸이 좋지 않습니다.

❷ 두통약 좀 가져다 주시겠습니까?

❸ 네, 갖다 드리죠.

❹ 마실 것 좀 드릴까요?

❺ 우유 한 잔 주세요.

❻ 마실 것 좀 가져다 주시겠습니까?

❼ 뭘 좀 드시겠어요?

❽ 아니오, 괜찮습니다.

❾ 담요 한 장 좀 가져다 주시겠습니까?

3. 출발! -기내에서-

❶ Бие жаахан эвгүй байна.
비이 자:흥 에브구이 바인.

❷ Толгой өвдөж байна. Нэг эм өгнө үү.
털거이 어브더지/쥐/ 바인. 네끄 엠 어그 누.

❸ За, авчирч өгье.
자, 압치르치 어기.

❹ Жаахан уух юм өгөх үү?
자:흥 오:흐 윰 어그 후:?

❺ Нэг сүү ууя.
네끄 수: 오:야.(오:이.)

❻ Уух юм жаахан авчирч өгөхгүй юү?
오:흐 윰 자:흥 압치르치 어거흐꾸이 유:?

❼ Ямар нэг юм жаахан идэх үү?
야마르 네끄 윰 자:흥 이드 후:?

❽ Үгүй, зүгээр зүгээр.
우구이, 쭈게:르 쭈게:르.

❾ Нэг бүтээлэг авчирч өгнө үү.
네끄 부텔:레끄 압치르치 어그누:.

❻ 신고서의 작성!

❶ 펜 좀 있나요?

❷ 그럼요. 여기 있습니다.

❸ 제 입국신고서 좀 봐주시겠습니까?

❹ 어떻게 기재하는지 좀 도와주세요.

❺ 여기에 무엇을 써야 됩니까?

❻ 입국신고서를 한 장 더 얻을 수 있을까요?

❼ 제가 좀 틀리게 썼습니다.

 기내에서는 전자제품의 사용을 삼가시오!

3. 출발! -기내에서-

1 Үзэг байна уу?
우쩨그 바이노?

2 Байна, энд байна.
바인, 엔뜨 바인.

3 Энэ нэвтрэх мэдүүлэгийг үзэж өгөхгүй юу?
엔 네브트레흐 미뚤:레기:끄 우쩨지/쥐/ 어거흐꾸이 유:?

4 Яаж бөглөхийг жаахан туслана уу.
야지/쥐/ 버글러히:끄 자:흥 토쓸르노.

5 Энд юу бичих вэ?
엔뜨 유오 비치흐 웨?

6 Энэ нэвтрэх мэдүүлэгийг дахиад нэг өгөхгүй юу?
엔 네브트레흐 미뚤:레기:끄 다히아뜨 네끄 어거흐꾸이 유:?

7 Би жаахан буруу биччихлээ.
비 자:흥 보로: 비치치흘레:.

❼ 경유 | 환승할 때!

❶ 이 공항에서 얼마나 체류하게 되나요?

❷ 약 1시간 정도입니다.

❸ 당신은 통과 여객이십니까?

❹ 얼마나 기다려야 합니까?

❺ 거기에 면세점이 있습니까?

❻ 면세점은 어디에 있습니까?

❼ 비행기를 갈아타야 합니다.

❽ 제가 탈 항공편의 확인은 어디에서 합니까?

❾ 1층 대합실에 있는 항공사카운터에서 하십시오.

3. 출발! -기내에서-

1 Энэ онгоцны буудалд хэр зэрэг удах вэ?
엔 엉거츠니: 보:들뜨 헤르 제레끄 오따흐 웨?

2 Нэг цаг орчим удна.
네끄 차끄 어르침 오뜬.(오뜨나.)

3 Та дайрч өнгөрөх зорчигч уу?
타 다이르치 엉거러흐 저르치끄치 오:?

4 Хэр зэрэг хүлээх вэ?
헤르 제레끄 홀레:흐 웨?

5 Тэнд татваргүй дэлгүүр байдаг уу?
텐뜨 타트와르구이 델구:르 바이뜨 오:?

6 Татваргүй дэлгүүр хаана байдаг вэ?
타트와르구이 델구:르 한: 바이뜨 웨?

7 Онгоцыг солин суух хэрэгтэй.
엉거치:끄 설링 소:흐 헤레끄테.

8 Миний суух онгоцыг хаана лавлах вэ?
미니 소:흐 엉거치:끄 한: 라블라흐 웨?

9 Нэгдүгээр давхарт байгаа билет бүртгүүлэх газраас лавлаарай.
네끄두게:르 다우하르트 바이가: 빌레트 부르트굴: 레흐 가쯔라:쓰 라블라:래.

빠르게 찾고 쉽게 말하는 여행회화! 여러분의 여행을 보다 즐겁고 편안하게 만들어 드립니다!!

🟥 기내용 관련 단어들!

기장	онгоцны ахлагч/дарга/
	엉거츠니: 아흘라끄치/다락끄/
남승무원	үйлчлэгч эрэгтэй
	우일칠레끄치 에레끄테:
여승무원	үйлчлэгч эмэгтэй
	우일칠레끄치 에메끄테
비상구	аврах хаалга 아우라흐 할:락끄
화장실	бие засах газар
	비이 자싸흐 가짜르
호출버튼	дуудах товч 도따흐 터브치
이어폰/헤드폰	чихэвч 치흐브치
멀미주머니	бөөлжисний уут 벌:지쓰니:오:트
구명조끼	аврах хантааз
	아우라흐 한타:쯔
산소마스크	агаарын баг 아가:링: 바끄
안전벨트	аюулгүй бүс 아유올구이 부쓰
모포/담요	бүтээлэг /хөнжил/
	부텔:레끄 /헌질/
금연	Тамхи татаж үл болно!
	탐히 타타지/쥐/ 울 벌른!

🟥 주요 안내 표현!

비어있음	хүнгүй 훙구이

3. 출발! -기내에서-

사용중	хүнтэй	훙테

좌석으로 돌아가시오!
        суудал луу буцаж яваарай!
        소:들 로: 보차지/쥐/ 야와:래!

안전벨트 착용   аюулгүй бүсээ бүслээрэй.
        아유올구이 부쎄: 부쓸레:레.

문을 잠그시오!   хаалга цоожилоорой!
        할:락그 처:질러:래!

담배 버리지 말 것!
        тамхи хаяж болохгүй!
        탐히 하이지/쥐/ 벌러흐꾸이!

실내금연   дотор тамхи татаж үл болно!
        더터르 탐히 타타지/쥐/ 울 벌른!

버튼을 누르시오!   товч дааруулаарай!
        터브치 다롤:라:래!

물을 내리시오!   ус татаарай!
        오쓰 타타:래!

콘센트/플러그   залгуур
        잘고:르

비상버튼   аваарын товч
        아와:링 터브치

환승 관련 단어들!

통과여객	дайрч өнгөрөх зорчигч
	다이르치 엉거러흐 저르치끄치
통과증	дайрч өнгөрөх бичиг баримт
	다이르치 엉거러흐 비치끄 바림트
입국카드	орох хуудас 어러흐 호:다쓰
출국카드	гарах хуудас 가라흐 호:다쓰
입국사증	орох виз
	어러흐 비즈
탑승장소	суух газар
	소:흐 가짜르
목적지	хүрэх газар
	후레흐 가짜르
환승편	солин суух онгоц
	설링 소:흐 엉거츠
국제선	олон улсын нислэгийн шугам
	얼렁 올쓰잉 니쓸레깅: 쇼금
국내선	отоодын нислэгийн шугам
	더터:띵 니쓸레깅: 쇼금
탑승권	суух тасалбар
	소:흐 타쓸바르
항공시간표	онгоцны цагийн хуваарь
	엉거츠니: 차깅: 호와아:르
시차	цагийн зөрүү
	차깅: 저루:
이륙	нисэх
	니쎄흐
착륙	буух
	보:흐

4. 목적지 도착!

❶ 입국절차 상식!

목적지의 공항에 도착해서 비행기에서 내리면 곧 입국절차를 밟게 됩니다. 입국절차는 출국과 반대의 순으로 진행됩니다. 즉 ⓐ 공항도착, ⓑ '**Arrival**'이라고 표시된 출구로 나갑니다. ⓒ 검역소를 통과합니다. (보통은 생략됨), ⓓ 입국심사, ⓔ 수하물 찾기, ⓕ 세관검사, ⓖ 입국완료의 순으로 진행됩니다. 좀 더 세부적으로 소개하면 다음과 같습니다.

❷ 입국심사!

입국심사는 '**Immigration**' 또는 '**Passport Control**'이라고 표시된 곳에 가서 '**Foreigner**'라고 써있는 곳에 줄을 섭니다. 여행자가 여권, 입국 신고서, 세관 신고서, 귀국용 항공권을

입국심사의 모든 것!

제시하면 심사원은 여권확인과 함께 스탬프를 찍고 입국카드 확인부분을 여권에 넣어 다시 돌려주는데, 이렇게 하면 입국심사가 완료됩니다. 보통은 입국경유나 체재지, 체재기간 등을 묻지 않으므로 심사절차가 간단하게 마무리됩니다.

몽골의 경우, 항공편을 이용해 입국했을 때에는 울란바타르시 남서쪽 15km에 위치한 부얀트우하 공항에서 입국검역심사를 받은 후 대합실에서 세관신고서를 작성해서 제출하고 소지품 검사를 받습니다. 관광객의 경우는 보통 여권 확인과 세관신고서 제출만으로 심사가 완료됩니다. 기차를 이용해서 몽골에 입국할 경우에는 중국과의 국경역인 자민우드에서 입국심사가 이루어지는데 열차내에서 입국사증, 세관, 검역의 과정을 거치게 됩니다. 또한, 중국, 몽골간 입출국시에는 반드시 몽골 관할 경찰서에 신고하여야 합니다.

❸ 수하물 찾기!

입국심사를 마치면 '수하물 찾는 곳'(**baggage or luggage claim area**)으로 갑니다. 찾을 짐이 많으면 짐수레(**cart**)를 준비해 탁송된 짐이 실려 나오는 콘베이어 앞에서 기다립니다. (비슷한 가방이 많기 때문에 이름을 반드시 확인할 것) 국제공항에는 수하물 찾는 곳이 여러 곳이므로, 본인이 이용했던 항공편 표시등 아래로 찾아가야만 착오가 없습니다. 수하물이 나오는 시간은 보통 30분 정도 걸리며, 착륙 비행기가 많을 경우에 1시간 넘게 걸리는 때도 있습니다. 자신의 짐이 발견되면 수하물 인환증(**claim tag**)의 번호

4. 목적지 도착! -입국심사-

와 짐 번호를 확인하도록 하며, 만약 짐이 나오지 않을 경우에는 항공사 직원에게 협조를 구하도록 합니다. 분실 신고는 화물도착 후 4시간 이내에 해야 합니다.

❹ 세관통관 상식!

짐을 찾으면 마지막 통관문인 세관검사대(**Customs**)로 갑니다. 순서가 되기 전에 모든 짐의 자물쇠를 풀어 세관원이 쉽게 열어볼 수 있도록 준비합니다. 일반적으로 귀금속, 사치품, 고급 카메라 등은 정확하게 신고하여야 합니다.

✚ 도착로비의 이용

세관검사가 끝나면 모든 입국 절차가 끝이 납니다. 그대로 출구를 나오면 거기가 도착 로비가 됩니다. 도착 로비에는 환전소(**Bank Exchange / Change / Cambio / Wechsel** 등의 표지가 붙어 있음)가 있으므로 현지 통화의 현금이 필요한 분은 반드시 여기서 버스비, 택시비에 필요한 현금을 환전하도록 합니다. 도착 로비에는 관광안내소(**Information**), 호텔 예약카운터(**Hotel Reservation**), 렌트카 회사(**Rent a car**), 공중전화(**Pay Phone**)나 자동판매기(**Vending Machine**), 화장실(**Restroom**) 등이 있으므로 이를 이용하실 수 있습니다.

빠르게 찾고 쉽게 말하는 여행회화! 여러분의 여행을 보다 즐겁고 편안하게 만들어 드립니다!!

① 입국심사대에서 1.

❶ 입국심사대는 어디에 있습니까?

❷ 여권 좀 보여 주시겠습니까?

❸ 검역증명서도 보여주세요.

❹ 방문 목적은 무엇입니까?

❺ 휴가차 왔습니다. / 사업차 왔습니다.

❻ 관광차 왔습니다.

❼ 첫 방문입니까?

❽ 네, 이번이 처음입니다.

❾ 몽골에 얼마 동안 체류하십니까?

4. 목적지 도착! -입국심사-

❶ Хилээр нэвтрэхийг шалгах газар нь хаана байна вэ?
힐레:르 네브트레히:끄 샬가흐 가짜른 한: 바인 웨?

❷ Паспорт үзүүлнэ үү.
파스포르트 우쭐:르누:.

❸ Ариун цэврийн баталгаатай баримт бичгээ үзүүлнэ үү.
아리옹 체웨링 바틀가:태 바림트 비치게: 우쭐:르누.

❹ Та ямар зорилгоор ирсэн бэ?
타 야마르 저릴러거:르 이르씀베?

❺ Амралтаар ирсэн. / Ажилаар ирсэн.
아므랄타:르 이르승. / 아질라:르 이르승.

❻ Жуулчлалаар ирсэн.
졸:치랄라:르 이르승.

❼ Та анх удаа ирж байна уу?
타 앙흐 오따: 이르지/쥐/ 바이노:?

❽ Тийм, анх удаа ирж байна.
팀:, 앙흐 오따: 이르지/쥐/ 바인.

❾ Та монголд хэр зэрэг удах вэ?
타 몽골/멍걸/뜨 헤르 제레끄 오따흐 웨?

❷ 입국심사대에서 2.

❿ 30일입니다. / 3달 정도입니다.

⓫ 목적지는 어디입니까?

⓬ 울란바타르입니다.

⓭ 울란바타르 어디에서 머무르실 겁니까?

⓮ 저는 울란바타르 호텔에 머무를 예정입니다.

⓯ 돌아갈 항공권을 갖고 계십니까?

⓰ 여기 있습니다.

4. 목적지 도착! -입국심사-

❿ Гучин хоног байх санаатай.
/ Гурван сар байх санаатай.
고칭 허너끄 바이흐 사나:태.
/ 고르왕 사르 바이흐 사나:태.

⓫ Та хаана хүрэх вэ?
타 한: 후레흐 웨?

⓬ Улаанбаатар.
올람:바:타르.

⓭ Та Улаанбаатарт хаана буух вэ?
타 올람:바:타르트 한: 보:흐 웨?

⓮ Би "Улаанбаатар" зочид буудалд буна.
비 "올람:바:타르" 저치드 보:들뜨 본:.

⓯ Та буцаж явах билеттэй юү?
타 보차지/쥐/ 야와흐 빌레트테 유:?

⓰ Энд байна.
엔뜨 바인.

❸ 수하물 찾기!

❶ 실례합니다만, 수하물 찾는 곳은 어디입니까?

❷ 저쪽입니다.

❸ 저 갈색가방이 제 것입니다.

❹ 나머지를 찾을 수가 없습니다.

❺ 안내소는 어디입니까?

❻ 실례합니다만, 제 가방을 찾을 수 없습니다.

❼ 제 짐을 찾을 수 있게 도와주십시오?

❽ 그러죠. 수하물 인환증 가지고 계시죠?

❾ 여기 있습니다.

4. 목적지 도착! -입국심사-

❶ Уучлаарай, ачаа тээшээ авах газар хаа байна (вэ) ?
오:칠라:래, 아차: 테:셰: 아와흐 가짜르 하: 바인 (웨)?

❷ Тэнд байна.
텐뜨 바인.

❸ Тэр улаан хүрэн цүнх нь минийх.
테르 올랑: 후렝 충흔 미니:흐.

❹ Бусад нь олж чадахгүй байна.
보싸뜬 얼지/쥐/ 차트꾸이 바인.

❺ Лавлах газар нь хаа байна (вэ) ?
라블라흐 가짜른 하: 바인 (웨)?

❻ Уучлаарай, миний цүнх олж чадахгүй байна.
오:칠라:래, 미니: 충흐 얼지/쥐/ 차트꾸이 바인.

❼ Миний цүнх олохыг туслана уу.
미니: 충흐 얼러히:끄 토쏠르노:.

❽ За. Ачаа тээшний тасалбар байна уу?
자. 아차: 테:쉬니: 타쌀바르 바이노:?

❾ Энд байна.
엔뜨 바인.

④ 세관심사!

❶ 세관에 신고하실 것이 있습니까?

❷ 없습니다.

❸ 있습니다.

❹ 친구에게 줄 시계가 있습니다.

❺ 저는 위스키 두 병을 갖고 있습니다.

❻ 이것들은 모두 개인 소지품입니다.

❼ 이것은 제가 사용하는 카메라입니다.

❽ 이 가방 좀 열어 주시겠습니까?

4. 목적지 도착! -입국심사-

❶ Танд гаальд мэдүүлэх юм байна уу?
탄뜨 가:일뜨 미뚤:레흐 윰 바이노:?

❷ Байхгүй.
바이흐꾸이.

❸ Байна.
바인.

❹ Энэ нь найздаа өгөх цаг байна.
엔 은 나이즈따: 어거흐 차끄 바인.

❺ Хоёр шил виски байна.
허여르 실 위스키 바인.

❻ Энэ миний хувийн хэрэгсэл байна.
엔 미니: 호윙: 헤레끄쎌 바인.

❼ Энэ миний хэрэглэж байгаа зургийн аппарат байна.
엔 미니 헤레글레지/쥐/ 바이가 조르깅: 앞파라트 바인.

❽ Энэ цүнхээ онгойлгоорой.
엔 충헤: 엉거일거:래.

5 공항 여행안내소

❶ 안내소는 어디 있습니까?

❷ 유스호스텔이 현재 개장중입니까?

❸ 다른 호텔이 있습니까?

❹ 호텔을 예약하고 싶습니다.

❺ 괜찮은 호텔을 추천해주시겠습니까?

❻ 올란바타르의 제일 좋은 호텔은 어느 호텔입니까?

❼ 호텔까지 어떻게 갑니까?

❽ 시내로 가는 버스가 있습니까?

❾ 버스 정류장은 어디 있습니까?

4. 목적지 도착! -입국심사-

① **Лавлах товчоо хаа байна (вэ) ?**
라블라흐 텁처: 하: 바인 (웨) ?

② **Залуучуудад зориулсан нийтийн байр одоо ажиллаж байна уу?**
잘로:초:다뜨 저리올승 니:팅:바이르 어떠:아질라지/쥐/ 바이노?

③ **Өөр зочид буудал байна уу?**
어:르 저치드 보:들 바이노?

④ **Зочид буудал захиалмаар байна.**
저치드 보:들 자히알마:르 바인.

⑤ **Сайхан зочид буудлыг танилцуулж өгөхгүй юү?**
사이항 저치드 보:들리끄 타닐촐:지/쥐/ 어거흐꾸이 유:?

⑥ **Улаанбаатарын хамгийн сайн зочид буудал нь ямар буудал вэ?**
올람:바:트링 함깅: 사인저치드 보:들 은 야마르 보:들 웨?

⑦ **Зочид буудал хүртэл яаж явах вэ?**
저치드 보:들 후르텔 야지/쥐/ 야와흐 웨?

⑧ **Хот руу явдаг автобус байна уу?**
허트 로: 야브득 아브토보쓰 바이노:?

⑨ **Автобусны буудал хаа байна (вэ) ?**
아브토보쓰니: 보:들 하: 바인 (웨) ?

입국 관련 단어들!

이민관리	цагаачлал хариуцах
	차가:치랄 하리오차흐
여행자/관광객	аялагч /жуулчин
	아일라ㄱ치 /졸:칭
여행/관광	аялал /жуулчлал 아이랄 /졸:치랄
사업	ажил /бизнес 아질 /비즈니쓰
연수	дадлага 다뜰라ㄱ
회의	хурал 호랄
왕복표	хоёр талын билет
	허여르 탈링: 빌레트
짐수레	ачаа зөөх тэрэг
	아차: 저:흐 테레ㄱ
세관직원	гаалийн ажилтан
	가:일링: 아질탕
개인용품	хувийн хэрэгсэл
	호윙: 헤레ㄱ쎌
세관신고서	гаалийн мэдүүлэг
	가:일링: 미뚤:레ㄱ
선물	бэлэг 벨레ㄱ
약	эм 엠
반입금지품	оруулах хориотой бараа
	어롤:라흐 허리어태 바라:
면세품	татваргүй бараа
	타트와르구이 바라:

5. 호텔의 이용!

❶ 호텔의 이용!

요즘은 대부분 출발 전 여행사에서 호텔예약을 하거나 본인이 직접 인터넷으로 예약을 하고 있습니다. 때문에 한국에서 예약하고 호텔예약 확인증(바우처)만 받아서 준비해 가면 되겠습니다. 현지 호텔을 정할 때 가장 중요한 사항은 교통이 편리한지, 시설은 낙후되지 않았는지, 가격은 적당한지가 되겠습니다. 예약시에는 원하는 방의 종류, 도착일, 숙박일수, 항공편 등을 알려 주어야 하며, 현지에서 예약할 경우는 직접 전화를 하거나 여행 안내소에 예약을 부탁하면 됩니다.

체크인(**check in** : 숙박절차)은 프론트 데스크에서 합니다. 예약이 되어 있을 경우는 이름을 말하시고 예약확인서를 제시하면 직원은 예약리스트(**reservation list**) 또는 예약카드(**reservation card**)를 조회한 후, 숙박신고서 기재를 요구할 것입니다. 숙박신고서에는 보통 이름(**name**), 주소(**address**),

호텔은 이렇게 이용!

직업(**occupation**), 도착일(**arrival date**), 출발일(**departure date**), 여권번호(**passport number**) 등을 기재하게 되어 있습니다.

호텔의 숙박료는 하루, 즉 24시간 단위로 받습니다. 통상 정오에서 다음날 정오까지를 일박으로 계산하며, 이때가 이른바 체크아웃 타임(**check-out time**)입니다. 그 이상 호텔에 머물게 되면 할증요금이나 하루치의 숙박요금을 더 물게 됩니다. 요금을 지불하는 방식으로는 ⓐ 크레디트 카드와 ⓑ 현금으로 지불하는 방법 두 가지가 있습니다. 크레디트 카드로 지불할 경우, 접수원은 카드번호를 체크하고, 카드의 유효상태를 확인 조회할 것입니다.

호텔계산서에는 숙박한 일수, 룸서비스를 이용해 드신 것의 요금, 식사대(호텔의 레스토랑 또는 바에서 사인한 청구서 등), 호텔에서 외부에 건 전화요금, 세탁료 등이 계산되는데, 계산액이 정확히 맞는지 다시 한번 확인해 봅니다.

호텔에서는 편리한 룸서비스를 받을 수 있습니다. 룸서비스는 식사배달에서 소프트 드링크(**soft drinks**)와 하드 드링크(**hard drinks**)를 주문할 수 있습니다. 룸서비스를 이용하면 주문한 것의 10% 정도를 룸서비스 차쥐(**Room service charge**)로 지불하며, 룸서비스맨에게는 별도의 팁을 지불해야 합니다. 그밖에 세탁, 수선서비스와 구두를 닦아 달라고 요구할 수도 있습니다. 방청소와 관련해서는 호텔 방문 손잡이에 달려있는 **sign**(사인-팻말)을 '**Make up please.**'(방청소를 해주시오.) 쪽으로 놓으시면 방청소가 이루어 질 것입니다. 이를 위해 약간의 팁을 테이블 위에 놓고 나가는 것이 좋은데 약 3~5달러 정도 놓으면 무난합니다. 방을 그대로 두고 싶으시면 '**Do not disturb.**'(깨우지 마시오.) 쪽으로 팻말을 걸고 나가시면 됩니다.

5. 호텔의 이용!

❷ 몽골의 숙박 시설!

몽골의 대표적인 숙박 시설로는 호텔과 게스트 하우스 등을 들 수 있으며 그 외에 몽골의 전통가옥형태인 '게르'를 이용하거나 시내에 있는 아파트를 렌트하는 방법이 있습니다.

호텔은 스타등급제로 구별이 되는데 특급 호텔로는 칭기스항 호텔, 바양걸 호텔, 팔레스 호텔 등이 있으며, 1급 호텔로는 울란바타르 호텔, 에델바이스 호텔, 플라워 호텔 등이 있습니다. 호텔에는 샤워, 전화, TV, 미니바 등의 시설이 객실 내에 설치되어 있으며 레스토랑, 미용실, 사우나, 비즈니스 센터 등의 부대시설을 갖추고 있습니다.

저렴한 가격의 게스트하우스의 종류로는 몽골리안 웨이 게스트하우스, 낫산 게스트하우스, 가나 게스트하우스, 이데르 게스트하우스, 볼드 게스트하우스, 유비 게스트하우스, 헝거르 게스트하우스, 세르게이 게스트하우스 등이 있습니다.

수도인 울란바타르를 제외한 지방 도시에는 호텔의 수도 적고 시설이 열악해서, 지방을 여행할 때에는 몽골 유목민들이 주거용으로 사용해온 게르(ger)캠프를 주로 이용합니다. 게르캠프는 공동으로 사용하는 샤워나 화장실, 레스토랑 전용 게르가 있으며 보통은 한 동에 4명씩 숙박하게 되어 있는데 2~3인용이나 4인 이상이 함께 사용할 수 있는 대형 게르도 있습니다.

1 체크인(예약시)

❶ 제 짐을 방으로 가져다 주세요.

❷ 이 호텔의 프론트 데스크는 어디입니까?

❸ 제 이름은 김기성입니다.

❹ 저는 미리 예약을 했습니다.

❺ 이 숙박신고서를 기재해 주십시오.

❻ 지불은 현금과 카드, 무엇으로 하시겠습니까?

❼ 비자카드를 사용하겠습니다.

❽ 현금으로 하겠습니다.

❾ 짐은 여기 있는 것이 전부입니까?

5. 호텔의 이용!

❶ Миний ачааг өрөөнд хүргэж өгнө үү.
미니 아차:끄 어런:뜨 후르게지/쥐/ 어그누:.

❷ Энэ буудалын бүртгэх газар нь хаана байдаг вэ?
엔 보:들링: 부르트게흐 가짜른 한: 바이딱 웨?

❸ Миний нэр Ким Гисонг.
미니: 네르 김기성.

❹ Би урьдчилж захиалгаа өгсөн.
비 오리뜨칠지/쥐/ 자히알락끄 어그승.

❺ Та энэ бүртгэх хуудсыг бөглөж өгнө үү.
타 엔 부르트게흐 호:드씨:끄 버글러지/쥐/ 어그누:.

❻ Бэлэн мөнгө, карт хоёрын юугаар тооцоо хийх вэ?
벨렝 멍그, 카르트 허여링: 유오가:르 터:처: 히:흐 웨?

❼ VISA картаар тооцоо хийе.
비자 카르타:르 터:처: 히:이.(히:예.)

❽ Бэлэн мөнгөөр тооцоо хийе.
벨렝 멍거:르 터:처: 히:이.(히:예.)

❾ Таны ачаа бүгд энд байна уу?
타니: 아차: 부그뜨 엔뜨 바이노:?

❷ 체크인(미예약) 1.

❶ 당신네 빈방이 있습니까?

❷ 저는 예약은 못 했습니다.

❸ 싱글룸으로 드릴까요, 더블룸으로 드릴까요?

❹ 싱글룸을 부탁합니다.

❺ 1박에 얼마입니까?

❻ 저는 일주일 동안 묵을 생각입니다.

❼ 욕실(샤워실)이 있는 방을 원합니다.

❽ 조용한 방으로 주세요.

❾ 전망 좋은 방을 부탁합니다.

5. 호텔의 이용!

❶ Танайд сул өрөө байна уу?
타나이뜨 술 어러: 바이노?

❷ Би захиалгаа өгч чадаагүй байсан.
비 자히알가 어그치 차따:구이 바이승.

❸ Нэг/Ганц/ хүний өрөө авах уу, хоёр хүний өрөө авах уу?
네끄/강츠/ 후니: 어러: 아호:, 허여르 후니: 어러: 아호:?

❹ Нэг/Ганц/ хүний өрөө авъя.
네끄/강츠/ 후니: 어러: 아위.(아위야.)

❺ Хоногт ямар үнэтэй вэ?
허너끄트 야마르 운테: 웨?

❻ Би долоо хонох санаатай байна.
비 덜러: 허너흐 사나:태 바인.

❼ Халуун усны өрөөтэй өрөө хэрэгтэй байна.
할롱: 오쓰니: 어러:테 어러: 헤레끄테 바인.

❽ Тайван чимээгүй өрөө хэрэгтэй байна.
타이왕 치메:구이 어러: 헤레끄테 바인.

❾ Алсын юм сайн харагдах өрөө авмаар байна.
알쓰잉: 윰 사인 하라끄따흐 어러: 아우마:르 바인.

❸ 체크인(미예약) 2.

❿ 좋은 방 부탁합니다.

⓫ 바다가 보이는 방을 원합니다.

⓬ 방값에 조식도 포함되어 있습니까?

⓭ 방값에 세금과 봉사료도 모두 포함되어 있습니까?

⓮ 더 싼방은 없습니까?

⓯ 지금 곧 방을 사용할 수 있습니까?

⓰ 체크아웃은 언제입니까?

⓱ 방을 보여 주시겠습니까?

⓲ 이 방으로 하겠습니다.

5. 호텔의 이용!

❿ Сайхан өрөө авмаар байна.
사이항 어러: 아우마:르 바인.

⓫ Далай харагдаж байгаа өрөө
авмаар байна.
달라이 하라끄따지/쥐/ 바이가어러:아우마:르 바인.

⓬ Өрөөний хөлсөнд өглөөний цай ч орсон уу?
어러:니 헐쓴뜨 어글러:니 차이 치 어르쓰노:?

⓭ Өрөөний хөлсөнд татвар, үйлчилгээний хөлс хоёр бүгд орсон уу?
어러:니 헐쓴뜨 타트와르, 우일칠게:니 헐쓰 허여르 부그뜨 어르쓰노:?

⓮ Арай хямдхан өрөө байхгүй юү?
아라이 히암드항 어러: 바이흐꾸이 유:?

⓯ Одоо шууд өрөөг хэрэглэж болох уу?
어떠: 쇼:뜨 어러:끄 헤레글레지/쥐/ 벌호:?

⓰ Өрөөг хэдийд чөлөөлөх ёстой вэ?
어러:끄 헤디:뜨 철럴:러흐 여쓰테 웨?

⓱ Өрөө үзүүлэхгүй юү?
어러: 우쭐:레흐꾸이 유:?

⓲ Энэ өрөөг авъя.
엔 어러:끄 아위.(아위야.)

④ 객실의 이용!

❶ 냉방장치는 어떻게 조절합니까?

❷ 식당은 몇 시에 엽니까?

❸ 내 방에서 아침식사를 할 수 있습니까?

❹ 비상구는 어디에 있습니까?

❺ 더운 물이 나오지 않습니다.

❻ 잠깐만 기다려주세요.

❼ 비누(수건)가 없습니다.

5. 호텔의 이용!

① **Агааржуулагчийг яаж хэрэглэх вэ?**
아가:르졸:라끄치:끄 야:지/쥐/ 헤레글레호 웨?

② **Хоолны газар/гуанз, ресторан/ хэдэн цагаас онгойх вэ?**
헐:르니: 가짜르/광쯔, 레스토랑/ 헤뎅 차가:쓰 엉거이흐 웨?

③ **Өрөөндөө өглөөний цай ууж болох уу?**
어런:더: 어글러:니: 차이오지/쥐/ 벌호:?

④ **Нөөц хаалга хаа байна (вэ) ?**
너:츠 할:락끄 하: 바인 (웨)?

⑤ **Халуун ус гарахгүй байна.**
할롱: 오쓰 가라흐꾸이 바인.

⑥ **Жаахан хүлээж байгаарай.**
자:항 홀레:지/쥐/ 바이가:래.

⑦ **Саван (Алчуур) байхгүй байна.**
사왕 (알초:르) 바이흐꾸이 바인.

❺ 룸서비스의 이용

❶ 룸서비스는 어떻게 부릅니까?

❷ 룸서비스 부탁합니다.

❸ 빵과 두 잔의 커피를 부탁합니다.

❹ 방 번호가 어떻게 되십니까?

❺ 여긴 307호실입니다.

❻ 7시 30분에 모닝콜 좀 부탁드릴게요.

❼ 주문한 아침식사가 아직도 오지 않았습니다.

❽ 따끈한 음료수 한 잔 가져다 주세요.

5. 호텔의 이용!

❶ Өрөөний үйлчилгээг яаж дуудах вэ?
어러:니: 우일칠게:끄 야:지/쥐/ 도:따흐 웨?

❷ Өрөөний үйлчилгээ хэрэгтэй байна.
어러:니: 우일칠게: 헤레끄테 바인.

❸ Талх ба хоёр аяга кофе авчирч өгнө үү.
탈흐 바 허여르 아약끄 커피 압치르치 어그누:.

❹ Таны өрөөний номер хэд вэ?
타니: 어러:니: 너미르 헤드웨?

❺ Гурван зуун долоо.
고르왕 종: 덜러:.

❻ Намайг өглөө долоо хагаст сэрээж өгөөрэй.
나마이끄 어글러: 덜러: 하가스트 세레:지/쥐/ 어거:레.

❼ Захиалсан өглөөний цай одоо хүртэл ирээгүй байна.
자히알승 어글러:니: 차이 어더: 후르텔 이레:구이 바인.

❽ Нэг аяга халуун ундаа авчирч өгнө үү.
네끄 아약끄 할롱: 온다: 압치르치 어그누:.

⑥ 프론트의 이용 1.

❶ 제 열쇠를 주십시오.

❷ 내 방 자물쇠가 고장났습니다.

❸ 방에 열쇠를 놓아둔 채 문을 닫았습니다.

❹ 방을 바꾸고 싶습니다.

❺ 이 방은 너무 시끄럽습니다.

❻ 귀중품을 맡아 줄 수 있으십니까?

❼ 이 짐을 잠시 보관할 수 있겠습니까?

❽ 제 짐을 다시 찾고 싶습니다.

❾ 제게 온 우편물은 없습니까?

5. 호텔의 이용!

❶ **Миний өрөөний түлхүүрийг өгнө үү.**
미니: 어러:니: 툴후:리:끄 어그누:.

❷ **Миний өрөөний цоож эвдэрсэн байна.**
미니: 어러:니: 처:지/쥐/ 엡뜨르쎈 바인.

❸ **Би түлхүүрээ өрөөндөө мартчихжээ.**
비 툴후:레: 어런:더: 마르트치흐제:.

❹ **Би өрөөгөө солимоор байна.**
비 어러:거: 서일머:르 바인.

❺ **Энэ өрөө их шуугиантай байна.**
엔 어러: 이흐 쇼:기앙태 바인.

❻ **Үнэт зүйлээ хадгалж өгч болох уу?**
우네트 주일레 하뜨갈지/쥐/ 어그치 벌호:?

❼ **Энэ ачааг түр зуур хадгалж болох уу?**
엔 아차:끄 투르 조:르 하뜨갈지/쥐/ 벌호:?

❽ **Миний ачаагаа буцаж авмаар байна.**
미니: 아차:가: 보차지/쥐/ 아우마:르 바인.

❾ **Надад ирсэн илгэмж байхгүй юү?**
나다뜨 이르승 일겜지 바이흐꾸이 유:?

7 프론트의 이용 2.

❿ 제게 남겨진 메모는 없습니까?

⓫ 이 편지를 국제우편으로 부쳐 주시겠습니까?

⓬ 식당은 어디에 있습니까?

⓭ 아침식사는 몇 시에 먹을 수 있습니까?

⓮ 이 호텔의 주소를 알려 주십시오.

⓯ 하루 더 묵고 싶습니다.

⓰ 하루 일찍 떠나고 싶습니다.

5. 호텔의 이용!

❿ Надад үлдээсэн ямар нэг зурвас байна уу?
나다뜨 올떼:승 야마르 네끄 조르와쓰 바이노:?

⓫ Энэ захиаг олон улсын шуудангаар явуулж өгнө үү.
엔 자히아끄 얼렁 올쓰잉: 쇼:등가:르 야볼:지 어그누:.

⓬ Хоолны газар/Гуанз, Ресторан/ хаа байна (вэ)?
헐:르니: 가짜르/광쯔, 레스토랑/ 하: 바인 (웨)?

⓭ Өглөөний цай хэдэн цагаас ууж болох вэ?
어글러:니: 차이 헤뎅 차가:쓰 오:지/쥐/ 벌러흐 웨?

⓮ Энэ зочид буудлын хаягыг зааж өгнө үү.
엔 저치드 보:들릉: 하이기:끄 자:지/쥐/ 어그누:.

⓯ Би нэг хоног илүү суумаар байна.
비 네끄 허너끄 일루: 소:마:르 바인.

⓰ Би өмнө хэлсэнээс нэг өдөр эрт гармаар байна.
비 어문 헬쓰네:쓰 네끄 어더르 에르트 가르마:르 바인.

❽ 호텔식당의 이용

❶ 식당은 몇 층에 있습니까?

❷ 무엇을 주문하시겠습니까?

❸ 서양식 아침식사 주십시오.

❹ 계란 후라이와 베이컨을 주세요.

❺ 빵도 주세요.

❻ 물 좀 주시겠습니까?

❼ 커피 있습니까?

❽ 계산서를 부탁합니다.

5. 호텔의 이용!

❶ Хоолны газар/Гуанз, Ресторан/ хэдэн давхарт байдаг вэ?
헐:르니: 가짜르/광쯔, 레스토랑/ 헤뎅 다우하르트 바이뜩 웨?

❷ Та юу авах вэ?
타 유오 아와흐 웨?

❸ Европ /Америкийн/ маягийн хоол авъя.
유럽 /아메리킹:/ 마이깅: 헐: 아위.(아위야.)

❹ Шарсан өндөг, гахайн утсан мах хоёрыг авъя.
샤르승 언더끄: 가하잉 오트승 마흐 허여리:
끄 아위.(아위야.)

❺ Талх бас авъя.
탈흐 바쓰 아위.(아위야.)

❻ Цэвэр ус өгнө үү.
체웨르 오쓰 어그누:.

❼ Кофе байна уу?
커피 바이노:?

❽ Тооцоо хийе. Тооцооны бичиг аваад ирээрэй.
터:처: 히:예. 터:처:니: 비치끄 아와:뜨 이레:레.

❾ 체크아웃

❶ 내일 아침 일찍 떠나겠습니다.

❷ 오늘밤 안으로 계산서를 준비해 주시겠어요?

❸ 짐을 가지고 내려갈 사람을 보내주세요.

❹ 지금 체크아웃하고 싶습니다.

❺ 얼마입니까?

❻ 307호의 김기성입니다.

❼ 신용카드로 계산해도 됩니까?

❽ 여기 제 방 열쇠입니다.

❾ 제 짐은 내려왔습니까?

5. 호텔의 이용!

❶ Би маргааш өглөө эрт гаръя.
비 마르가:시/쉬/ 어글러 에르트 가리야.

❷ Өнөө шөнө хүртэл тооцоог бэлэн болгож өгөөрэй.
어너: 션 후르텔 터:처:끄 벨렝 벌거지/쥐/ 어거:레.

❸ Ачаа зөөгч явуулж өгөөрэй.
아차: 저:끄치 야볼:지/쥐/ 어거:레.

❹ Одоо буудлаас гарах гэж байна. Тооцоо хийе.
어떠: 보:들라:쓰 가라흐 게지/쥐/ 바인. 터:처: 히:예.

❺ Ямар үнэтэй вэ?
야마르 운테 웨?

❻ Гурван зуун долооны Ким Гисонг байна.
고르왕 종: 덜러:니: 김기성바인.

❼ Кредит картаар тооцоо хийж болох уу?
크레디트 카르타:르 터:처: 히:지/쥐/ 벌호:?

❽ Энэ миний өрөөний түлхүүр.
엔 미니: 어러:니: 툴후:르.

❾ Миний ачаа бууж ирсэн үү?
미니: 아차: 보:지/쥐/ 이르쓰누:?

⑩ 유스호스텔 이용 1.

❶ 유스호스텔은 어디에 있습니까?

❷ 걸어서 얼마나 걸립니까?

❸ 어느 버스를 타야합니까?

❹ 여기서 오늘 밤 묵을 수 있습니까?

❺ 오늘 밤 3인용 객실이 있습니까?

❻ 1박에 얼마입니까?

❼ 3일간 머무르고 싶습니다.

❽ 담요를 빌려 주십시오.

❾ 아침식사는 얼마입니까?

5. 호텔의 이용!

❶ Залуучуудад зориулсан нийтийн байр хаана байдаг вэ?
잘로:초:다뜨 저리올승 니:팅: 바이르 한: 바이뜩 웨?

❷ Явганаар хэд болох вэ?
야우가나:르 헤뜨 벌러흐 웨?

❸ Ямар автобусанд суух хэрэгтэй вэ?
야마르 아브토보쓴뜨 소흐 헤레끄테 웨?

❹ Энд өнөө шөнө хонож болох уу?
엔뜨 어너: 션 허너지/쥐/ 벌호:?

❺ Өнөө шөнө гурван хүний өрөө байна уу?
어너: 션 고르왕 후니: 어러: 바이노:?

❻ Нэг хоногт ямар үнэтэй вэ?
네끄 허너끄트 야마르 운테 웨?

❼ Гурван хоног суумаар байна.
고르왕 허너끄 소:마:르 바인.

❽ Бүтээлэг түр хугацаагаар авъя.
부텔:레끄 투르 호가차:가:르 아위.(아위야.)

❾ Өглөөний цай ямар үнэтэй (вэ) ?
어글러:니: 차이 야마르 운테 (웨) ?

⑪ 유스호스텔 이용 2.

❿ 취사를 할 수 있습니까?

⓫ 냄비를 빌려 주십시오.

⓬ 짐을 이곳에 놓아도 됩니까?

⓭ 짐은 어디에 보관하면 됩니까?

⓮ 옷장은 어디 있습니까?

⓯ 주의해야 할 사항이 있습니까?

⓰ 시내 지도는 있습니까?

5. 호텔의 이용!

❿ Өөрөөсдөө хоол хийгээд идэж болох уу?
어:러:쓰더 헐: 히:게:뜨 이뜨지/쥐/ 벌호:?

⓫ Түмпен сав түр зуур зээлж өгөөч.
툼펭 사우 투르 조:르 젤:지/쥐/ 어거:치.

⓬ Ачаагаа энд тавьж болох уу?
아차:가: 엔드 타위지/쥐/ 벌호:?

⓭ Ачаагаа хаана хадгалж болох вэ?
아차:가: 한: 하뜨갈지/쥐/ 벌러흐 웨?

⓮ Хувцасны шүүгээ хаа байна (вэ)?
호브차쓰니: 슈:게: 하: 바인 (웨)?

⓯ Анхаарах зүйл байна уу?
앙하:라흐 주일 바이노:?

⓰ Хотын газрын зураг бий юү?
허팅: 가쯔링: 조라끄 비: 유:?

✚ 호텔 관련 단어들!

호텔	зочид буудал 저치드 보:달
프론트데스크	үйлчлэх товчоо /бүртгэх газар/
	우일칠레호 터브처 /부르트게호 가짜르/
숙박신고서	бүртгэх хуудас 부르트게호 호:다쓰
지배인	буудлын зохион байгуулагч
	보:들링: 저히엄 바이골:라ㄲ치
도어맨	хаалгач 할:락ㄲ치
포터	ачаа зөөгч 아차: 저:ㄲ치
손님	зочин 저칭
1인실	нэг хүний өрөө 네ㄲ 후니: 어러:
2인실	хоёр хүний өрөө 허여르 후니: 어러:
전망좋은 방	алсын юм сайн харагдах өрөө
	알쓰잉: 윰 사인 하라ㄲ다흐 어러
조용한 방	тайван чимээгүй өрөө
	타이왕 치메:구이 어러:
난방	өрөөний халуун 어러:니: 할롱:
냉방	өрөөний хүйтэн
	어러:니: 후이틍
방열쇠	өрөөний түлхүүр 어러:니: 툴후:르
계산서	тооцооны хуудас
	터:처:니: 호:다쓰
영수증	тасалбар 타쌀바르
금고	төмөр авдар /хадгаламжийн касс/
	터머르 압따르 /하뜨갈람징: 카쓰/

114

5. 호텔의 이용!

욕실	халуун усны өрөө
	할롱: 오쓰니: 어러:
욕조	бие угаах онгоц
	비예 오가:흐 엉거츠
샤워	усанд орох 오승뜨 어러흐
비누	саван 사왕
목욕타월	биеийн алчуур 비잉: 알초:르
수건	нүүр гарын алчуур
	누:르 가링: 알초:르
핸드타월	гарын алчуур 가링: 알초:르
화장실	жорлон /бие засах газар/
	저를렁 /비이 자싸흐 가짜르/
세면대	угаагуур 오가:고:르
변기	суултуур 솔:토:르
휴지	ариун цэврийн цаас
	아리옹 체우링: 차:쓰
비상구	аваарын хаалга 아와:링: 할:락끄
지하실	газар доорх өрөө
	가짜르 더:르흐 어러:
복도	хонгил /коридор/
	헝길 /커리도르/
1층	нэг давхар 네끄 다우하르
2층	хоёр давхар 허여르 다우하르
엘리베이터	цахилгаан шат 차힐강: 샤트
층계	шат /явган шат/
	샤트 /야우강 샤트/
로비	үүдний танхим 우:뜨니: 탕힘

잠깐! 숙소 정보!

✚ 게르(ger) 하우스!

몽골 유목민들의 가옥형태인 게르, 지금도 몽골의 시골 유목민들은 대부분 게르에서 생활을 하고 있습니다. 게르는 둥근 조립식 목조 골격에 펠트와 비를 막을 수 있는 천을 덧씌운 것입니다. 벽과 지붕은 버들가지를 비스듬히 격자로 짜서 만들었기 때문에 무겁지 않으므로 쉽게 조립과 해체를 할 수 있습니다. 보통 바닥의 지름이 5~6m 정도인데 가족의 수에 따라 크기가 달라집니다.

게르의 입구는 남쪽으로 향하며 중앙에 화덕, 정면 또는 약간 서쪽에 불단, 벽쪽에는 침구나 조리용구 등을 둡니다. 또한, 연령이나 성별에 따라서 게르 안에서 앉는 자리가 정해져 있는데 게르의 안쪽에 가장이나 라마승이 앉는 상석이 정해져 있습니다.

게르는 바람이 많고 햇빛이 강한 몽골고원의 기후와 수시로 이동해야 하는 유목민들의 생활에 가장 적합한 가옥형태라고 할 수 있습니다. 여름철에는 펠트의 흰색이 강렬한 햇빛을 막아주며 또한 천막 밑자락을 말아 올릴 수 있어서 통풍과 온도 조절을 할 수 있도록 되어 있습니다. 반면에 겨울철에는 게르의 둥근 구조가 거센 북서풍을 막아주는 역할을 합니다. 또한 나무로 만들어져 있기 때문에 조립과 해체가 손쉬워서 유목민들의 이동생활에도 걸맞다고 할 수 있습니다.

6. 식당과 요리!

❶ 레스토랑의 이용!

예약이 필요한 레스토랑은 정장(**dress up**)을 하는 것이 원칙입니다. 남성은 넥타이를 매고 양복을 입어야 하며, 여성은 드레스에 구두를 신습니다. 옷은 식당측에 말해서 빌려 입을 수도 있습니다.

웨이터를 부르실 때는 손을 들어 두번째 손가락을 세웁니다. 주문은 천천히 이루어지기 때문에 약간 여유를 가지고 기다려야 합니다. 각각의 테이블에는 담당자가 정해져 있으므로 주문에서 계산까지 한 사람에게 서비스를 받게 됩니다. 그리고 계산 후에는 해당 직원에게 반드시 팁을 지불해 주어야 합니다. 팁은 세금을 포함한 합계액의 10%, 또는 세금을 포함하지 않은 액면의 15%가 보통입니다. 크레디트 카드로 지

주문과 식사법!

불할 경우는 팁을 포함한 가격을 전표에 써 넣으시면 됩니다.

❷ 음식 주문 방법!

먼저 메뉴를 충분히 살펴 봅니다. 메뉴를 볼 때는 **Soups**(스프), **Salads**(샐러드), **Meats**(고기요리) 그리고 **Seafoods**(생선요리) 순으로 넘기시면서 하나씩 선택하면 됩니다. 요리의 이름이 어렵고 선택이 쉽지 않을 때는 **'The Chief's Choice'**, 또는 **'Today's Special'**(식당에서 권하는 정식) 등을 부탁하면 무난합니다. 이런 메뉴는 스프, 샐러드, 메인디쉬, 커피 등이 세트로 되어 있으며, 음식 맛도 괜찮고, 가격도 비교적 저렴합니다.

❸ 식사하는 방법!

식사의 순서는 먼저 음료(**drinks**)부터 마십니다. **Aperitif**(식전술)로는 **Sherry**(백포도주), 칵테일의 경우 남성은 **Martini**, 여성은 **Manhattan**을 보통 마십니다. 식사는 우선 전체(**appetizer** 또는 **starter**), 샐러드(**salad**), 수프(**soup**), 메인디쉬(**entrée**)순으로 들게 됩니다. 식후에는 디저트(**dessert**)를 먹습니다. 스테이크(**steak**) 요리는 굽는 정도에 따라 **rare**(살짝 구운 것), **medium**(적당히 구운 것), **well-done**(바싹 구운 것) 중에서 택할 수 있습니다. 레스토랑에 따라서는 샐러드를 바(**salad bar**)에서 직접 가져다 먹게 되어 있는 곳들도 있습니다. 이럴 경우 남기지 않을 정도로 적당량을 가져다 드시면 됩니다.

❹ 테이블 매너!

식사를 할 때 지켜야 하는 매너와 에티켓입니다.

6. 식당과 요리

ⓐ 냅킨은 무릎 위에 펼쳐 놓습니다.
ⓑ 차를 마실 때 잔은 한 손으로 잡습니다.
ⓒ 찻잔에 티스푼을 넣어둔 채 차를 마시지 않습니다.
ⓓ 음식은 소리나지 않게 먹으며, 입에 가득 넣은 채 말을 해서는 안 됩니다.
ⓔ 접시나 그릇을 든 채 식사하지 않습니다.
ⓕ 빵은 손으로 뜯어서 먹습니다.
ⓖ 떨어뜨린 식사도구는 다시 주문합니다.
ⓗ 이쑤시개의 사용을 피하고, 트림을 삼가합니다.

❺ 몽골 음식

몽골 사람들에게는 차가운 긴 겨울을 견뎌내기 위해서 많은 열을 발생하는 지방의 섭취가 필요합니다. 따라서 유제품과 육류로 필요한 지방과 비타민 등을 보충해 왔습니다. 많은 음식이 있지만 그중 특이한 몽골 음식으로는 허르헉과 버덕, 아이락 등을 들 수 있습니다. 허르헉은 고기를 나무에 구운 후 구운 염소고기를 돌과 함께 양철통에 넣고 찌는 요리이고, 버덕은 가축의 가죽 안에 뜨거운 돌을 넣고 통째로 굽는 요리입니다.

✚ 수태차이(수태차)

수태차이는 끓는 물에 우유와 소금, 차를 섞어 만든 것으로 우리가 물을 마시듯 몽골 사람들은 수태차이를 즐겨 마십니다. 또한 집에 손님이 왔을 때에도 수태차이를 대접하는데 우리의 입맛에는 다소 맞지 않을지라도 다 마시는 것이 예의입니다.

① 식당의 예약!

❶ 그 식당은 예약이 필요합니까?

❷ 오늘 저녁 4인석을 예약하고 싶습니다.

❸ 알겠습니다. 성함을 말씀해 주세요.

❹ 제 이름은 김기성입니다.

❺ 몇 분이십니까?

❻ 일행이 여섯 명입니다.

❼ 정장 차림을 해야하나요?

6. 식당과 요리

❶ Тэр хоолны газар суудлаа захиалах хэрэгтэй юү?
테르 헐:르니: 가짜르 소:들라: 자히알라흐 헤레끄테 유:?

❷ Өнөө орой 4 хүний суудлыг захиалмаар байна.
어너: 어러이 더르웡 후니: 소:들리끄 자히알마: 르 바인.

❸ За. Таны нэрийг хэлж өгөөч.
자. 타니: 네리:끄 헬지 어거:치.

❹ Миний нэр Ким Кисонг.
미니: 네르 김기성.

❺ Хэдэн хүн байна вэ?
헤뎅 훔 바인 웨?

❻ Бүгд зургаа хүн байна.
부그뜨 조르가: 훔 바인.

❼ Костюм өмсөх хэрэгтэй юү?
커스툼 엄써흐 헤레끄테 유:?

❷ 식당 미예약시!

❶ 안녕하십니까? 몇 분이시죠?

❷ 세 명입니다.

❸ 잠시 여기 기다려 주십시오.

❹ 창가 쪽 좌석으로 해 주세요.

❺ 조금 기다려도 되겠습니까?

❻ 얼마나 기다려야 합니까?

❼ 자리가 준비되어 있습니다.

6. 식당과 요리

❶ Сайн байна уу, хэдэн хүн (байна) вэ?
사잉 바이노, 헤뎅 훙 (바인) 웨?

❷ Бид гурав байна.
비뜨 고롭 바인.

❸ Энд түр хүлээж байгаарай.
엔뜨 투르 훌레:지 바이가:래.

❹ Цонхон талын суудлаа өгөөрэй.
청홍 탈링: 소:들라: 어거:레.

❺ Жаахан хүлээж болох уу?
자:항 훌레:지 벌호:?

❻ Хэр зэрэг хүлээх вэ?
헤르 제레끄 훌레:흐 웨?

❼ Суудал бэлэн байна.
소:들 벨렝 바인.

❸ 식사의 주문!

❶ 메뉴를 보여 주십시오.

❷ 이것으로 주세요.

❸ 뭐 추천할 만한 음식이 있습니까?

❹ 오늘의 특별요리는 무엇입니까?

❺ 나는 바닷가재 요리를 먹겠어요.

❻ 오늘의 특별요리를 먹겠습니다.

❼ 가벼운 걸로 하겠습니다.

❽ 스테이크를 어떻게 익혀드릴까요?

❾ 조금만 익혀주세요.

6. 식당과 요리

❶ Хоолны цэс үзүүлнэ үү.
헐:르니: 체쓰 우쭐:르누:.

❷ Энэ хоолоо авъя.
엔 헐:러: 아위.(아위야.)

❸ Та нарын танилцуулмаар байгаа хоол байна уу?
타 나링: 타닐촐:마:르 바이가: 헐: 바이노:?

❹ Өнөөдрийн онцгой хоол нь юу вэ?
어너:뜨링: 엉츠거이 헐:은 유오 웨?

❺ Би далайн хавч авъя.
비 달라잉 하브치 아위.

❻ Өнөөдрийн онцгой хоолоо авъя.
어너:뜨링: 엉츠거이 헐:러: 아위.

❼ Хөнгөн зүйлээ иднэ.
헝겅 주일레: 이뜬.(이뜨네.)

❽ Махыг яаж шарах вэ?
마히:끄 야지/쥐/ 샤라흐 웨?

❾ Жаахан шарч өгөөрэй.
자:항 샤르치 어거:레.

❹ 주문의 선택 1.

❶ 수프로 주세요.

❷ 샐러드로 주세요.

❸ 당신네 식당의 가장 유명한 음식은 무엇인가요?

❹ 오늘은 생선으로 만든 어떤 요리가 있나요?

❺ 오늘은 고기로 만든 어떤 요리가 있나요?

❻ 어떤 음식을 시킬지 아직 결정하지 않았어요.

❼ 조금 있다가 주문해도 될까요?

❽ 생크림을 주세요.

❾ 생선튀김을 주세요.

6. 식당과 요리

❶ Шөл авъя.
셜 아위.(아위야.)

❷ Салат авъя.
살라트 아위. (아위야.)

❸ Танай ресторанны хамгийн нэртэй хоол нь ямар хоол вэ?
타나이 레스토라니: 함깅:네르테 헐:은 야마르 헐: 웨?

❹ Өнөөдөр загасаар хийсэн ямар хоол байна вэ?
어너:떠르 자가싸:르 히:승 야마르 헐: 바인 웨?

❺ Өнөөдөр махаар хийсэн ямар хоол байна вэ?
어너:떠르 마하:르 히:승 야마르 헐: 바인 웨?

❻ Бид ямар хоол авахаа арай шийдээгүй байна.
비드 야마르 헐: 아와하: 아라이 시떼:구이 바인.

❼ Жаахан байзнаж байгаад захиалж болох уу?
자:훙 바이쯔나지/쥐/ 바이가:뜨 자히알지 벌호:?

❽ Цөцгийн тос авъя.
처츠깅 터쓰 아위.(아위야)

❾ Шарсан загас авъя.
샤르승 자가쓰 아위.(아위야)

⑤ 주문의 선택 2.

❿ 디저트는 무엇으로 드시겠습니까?

⓫ 바닐라 아이스크림으로 주세요.

⓬ 홍차로 주세요.

⓭ 디저트는 생략할게요.

⓮ 더 주문할 것이 있습니까?

⓯ 커피를 더 드시겠어요?

⓰ 네, 부탁합니다.

6. 식당과 요리

❿ Амтат зуушнаас алийг авах вэ?
암타트 조:시나:쓰 알리끄 아와흐 웨?

⓫ Ваниль амттай зайрмаг авъя.
바닐 암트태 자이르마끄 아위.(아위야)

⓬ Хар цайууя.
하르 차이 오:야.

⓭ Би амтат зуушнаас авахгүй.
비 암타트 조:쉬나:쓰 아와흐꾸이.

⓮ Өшөө хэрэгтэй юм байна уу?
어셔: 헤레끄테 윰 바이노:?

⓯ Кофе нэмж уух уу?
커피 넴지 오:호:?

⓰ За, тэгье.
자, 테기.

❻ 식사시의 표현!

❶ 주문한 요리가 아직 안 나왔습니다.

❷ 이것은 내가 주문한 것이 아닙니다.

❸ 이 요리는 어떻게 먹는거죠?

❹ 스푼을 떨어뜨렸습니다.

❺ 소금을 건네주세요.

❻ 물 좀 주세요.

❼ 빵을 조금 더 주세요.

6. 식당과 요리

❶ Миний захиалсан хоол арай ирээгүй байна.
미니: 자히알승 헐: 아라이 이레:구이 바인.

❷ Энэ миний захиалсан хоол биш ээ.
엔 미니: 자히알승 헐: 비셰:.

❸ Энэ хоол яаж идэх вэ?
엔 헐: 야지 이떼흐 웨?

❹ Халбага унагаачихлаа.
할박ㄲ 오나가:치흘라:.

❺ Тэр давс өгнө үү.
테르 다브쓰 어그누:.

❻ Цэвэр /хүйтэн/ ус өгнө үү.
체웨르 /후이텡/ 오쓰 어그누:

❼ Талх жаахан нэмж өгөөрэй.
탈흐 자:흥 넴지/쥐/ 어거:레.

❼ 식당을 찾을 때!

❶ 무엇을 좀 먹고 싶습니다.

❷ 근처에 유명한 레스토랑이 있습니까?

❸ 이 지방의 명물 요리를 먹고 싶습니다.

❹ 나는 프랑스 요리를 먹고 싶습니다.

❺ 이 근처에 중국 음식점은 없습니까?

❻ 중국 음식점으로 갑시다.

❼ 이 자리에 앉아도 됩니까?

❽ 메뉴를 보여 주십시오.

❾ 영어 메뉴가 있습니까?

6. 식당과 요리

❶ Жаахан юм идмээр байна.
자:홍 윰 이뜨메:르 바인.

❷ Энэ хавьд нэртэй ресторан байна уу?
엔 하비드 네르테 레스토랑 바이노:?

❸ Энэ нутгын нэртэй хоолыг идмээр байна.
엔 노트깅: 네르테 헐:리끄 이뜨메:르 바인.

❹ Би франц хоол идмээр байна.
비 프란츠 헐: 이뜨메:르 바인.

❺ Энэ хавьд хятад хоолны газар байхгүй юу?
엔 하비드 햐타뜨 헐:르니: 가짜르 바이흐꾸이 유오?

❻ Хятад хоолны газар луу явъя.
햐타드 헐:르니: 가짜르 로:야위.(야위야.)

❼ Энэ суудлдаа сууж болох уу?
엔 소:들따: 소:지/쥐/ 벌호:?

❽ Хоолны цэс үзүүлнэ үү.
헐:르니: 체쓰 우쭐:르누.

❾ Англи хэлтэй хоолны цэс бий юу?
앙글리 헬테 헐:르니: 체쓰 비유:?

⑧ 패스트푸드점

❶ ~ 햄버거와 코카콜라 한 잔 주세요.

❷ 햄 샌드위치 하나와 오렌지 주스를 주세요.

❸ 치즈버거 주세요.

❹ 마실 건 뭘로 드릴까요?

❺ 스프라이트(사이다) 주세요.

❻ 커피로 하겠어요.

❼ 더 주문하실 것은 없으십니까?

❽ 네, 이제 됐습니다.

❾ 여기서 드실건가요, 가지고 가실건가요?

6. 식당과 요리

❶ ~ гамбургэр ба нэг кока кола авъя.
  ~ 감부르게르베 네끄 코카 콜라 아위.

❷ Нэг хиамтай хачиртай талх ба журжийн шүүс авъя.
  네끄 히암태 하치르태 탈흐 바 주르징:슈:쓰 아위.

❸ Бяслагтай хачиртай талх авъя.
  뱌슬라끄태 하치르태 탈흐 아위.

❹ Уух юм юу авах вэ?
  오:흐 움 유오 아와흐 웨?

❺ Спрайт авъя.
  스프라이트 아위.

❻ Кофе авъя.
  커피 아위.

❼ Өшөө дахиад захиалах юм байхгүй юу?
  어셔: 다히아뜨 자히알라흐 움 바이흐꾸이 유오?

❽ Тийм, одоо болно.
  팀, 어떠: 벌른.(벌르너.)

❾ Энд идэх үү, аваад явах уу?
  엔드 이뜨 후:, 아와뜨 야호:?

빠르게 찾고 쉽게 말하는 여행회화! 여러분의 여행을 보다 즐겁고 편안하게 만들어 드립니다!!

❾ 식사비의 계산!

❶ 계산서 부탁합니다.

❷ 계산서에 봉사료까지 포함되어 있습니까?

❸ 각자 냅시다.

❹ 내가 지불하겠습니다.

❺ 외국돈 받습니까?

❻ 비자카드를 받나요?

❼ 계산이 잘못된 것 같아요.

6. 식당과 요리

❶ Тооцоо хийе.
터:처: 히예.

❷ Тооцоонд үйлчилгээний хөлс ч орсон уу?
터:천:뜨 우일칠게:니 헐쓰 치 어르쓰노:?

❸ Тооцоогоо тус тусдаа хийе.
터:처:거: 토쓰 토쓰따 히예.(히이.)

❹ (Өнөөдөр) Би дайлна.
(어너:떠르) 비 다일른.(다일르나.)

❺ Гадаадын мөнгөөр тооцоо хийж болох уу?
가다:띵: 멍거:르 터:처: 히지/쥐/ 벌호:?

❻ V I S A картаар тооцоо хийж болох уу?
V I S A 카르타:르 터:처: 히지/쥐/ 벌호:?

❼ Та нар буруу тооцоолсон юм шиг байна. Хариулт мөнгө таарахгүй байна.
타 나르 보로: 터:철:승 윰 식 바인. 하리올트 멍그 타:르흐꾸이 바인.

식사 관련 단어들!

● 식당 관련 단어표현

식당	хоолны газар /гуанз, ресторан/ 헐:르니: 가짜르 /광쯔, 레스토랑/
식사	хоол 헐:
주문	захиалах 자히알라흐
메뉴	хоолны цэс 헐:르니: 체쓰
아침식사	өглөөний цай 어글러:니 차이
점심식사	өдөрийн хоол 어더링 헐:
저녁식사	оройн хоол 어러잉 헐:
양식	европ /америк/ маягийн хоол 유럽 /아메리크/ 마이깅 헐:
프랑스요리	франц хоол 프란츠 헐:
중국요리	хятад хоол 햐타뜨 헐:
향토요리	орон нутгын хоол 어렁 노트깅: 헐:

● 요리 관련 단어표현

술	архи 아르히

6. 식당과 요리

한국어	몽골어	발음

전채요리   зууш 조:시/쉬/
감자샐러드   төмстэй салат 텀쓰테 살라트
샐러드   салат 살라트
수프   шөл 셜
닭고기수프   тахианы махтай шөл
     타히아니: 마흐태 셜
주요리(메인)   хоёрдугаар хоол
     허여르도가:르 헐:
밥   будаа 보다:
빵   талх 탈흐
햄버거   гамбүргэр 감부르게르
샌드위치   хачиртай талх 하치르태 탈흐
고기   мах 마흐
스테이크   штекс 스텍쓰
돼지고기   гахайн мах 가하잉 마흐
닭고기   тахианы мах 타히아니: 마흐
생선   загас 자가쓰
양고기   хонины мах 허니: 마흐
해물요리   далайн бүтээгдэхүүнээр
     хийсэн хоол
     달라잉 부테:끄데후:네:르
     히승 헐:
바다가재(게)   далайн хавч 달라잉 하브치

식사 관련 단어들!

새우	сам хорхой 삼 허르허이
조개	хясаа 햐싸:

● 디저트 관련 단어표현

디저트	амтат зууш 암타트 조:시/쉬/
푸딩	чунз /пудинг/ 촌쯔 /푸딩/
요구르트	тараг 타라끄
케익	бялуу 비얄로:
아이스크림	зайрмаг 자이르마끄
초컬릿	шоколад 쇼콜라뜨
커피	кофе 커피
우유	сүү 수:
차	цай 차이
레몬차	лимонтэй цай 리몽테 차이
소다수	спрайт 스프라이트
코카콜라	кока кола 코카 콜라
음료수	ундаа 온다:
과일주스	жимсний шүүс 짐쓰니: 슈:쓰

6. 식당과 요리

청량음료	хүйтэн ундаа 후이등 온다:
접시	таваг 타와끄
나이프(칼)	хутга 호탁끄
포크	сэрээ 세레:
숟가락	халбага 할박끄
젓가락	савх 사우흐
냅킨	амын цаас 아밍: 차:쓰
이쑤시개	шүдний чигчлүүр 슈뜨니 치끄칠루:르
재떨이	үнсний сав 운쓰니 사우

● 기타 식사 관련 단어표현

계산서	тооцооны хуудас 터:처:니: 호:다쓰
서비스요금	үйлчилгээний хөлс 우일칠게:니: 헐쓰
팁	гар цайлгах юм 가르 차일가흐 욤
웨이터	(эрэгтэй) үйлчлэгч (에레끄테) 우일칠레끄치
웨이트레스	(эмэгтэй) үйлчлэгч (에메끄테) 우일칠레끄치

⑩ 주점의 이용!

❶ 무엇을 드시겠습니까?

❷ 위스키에 얼음을 넣어 주세요.

❸ 칵테일 한 잔 부탁합니다.

❹ 와인 리스트를 부탁합니다.

❺ 이 지방의 포도주를 먹겠습니다.

❻ 맥주 주세요.

❼ 건배할까요?

6. 식당과 요리

① **Та ямар юм уух вэ?**
타 야마르 윰 오:흐 웨?

② **Мөстэй виски ууя.**
머쓰테 위스키 오:야.

③ **Нэг аягийн коктейл ууя.**
네끄 아야깅: 카테일 오:야.

④ **Дарсны нэр жагсаал үзүүлнэ үү.**
다르쓰니: 네르 작살: 우쭐:르누:.

⑤ **Энэ орон нутгын дарс ууя.**
엔 어렁 노트깅: 다르쓰 오:야.

⑥ **Пиво өгнө үү.**
피오/보/ 어그누:.

⑦ **Тогтоох уу?**
터끄터:호:?

주점 관련 단어들!

한국어	몽골어	발음
술집	баар	바:르
맥주집	пивоний газар	피오니: 가짜르
생맥주집	түүхий пивоний газар	투:히: 피오니: 가짜르
포도주	дарс /вино/	다르쓰 /위노/
백포도주	цагаан дарс	차강: 다르쓰
적포도주	улаан дарс	올랑: 다르쓰
단맛이 없는 포도주	чихэргүй дарс	치헤르구이 다르쓰
단맛이 있는 포도주	чихэртэй дарс	치헤르테 다르쓰
꼬냑	шарз /коньяк/	샤르쯔 /코냑/
샴페인	шампанск	샴팡스키
위스키	виски	위스키
럼	рум	럼
진	жин	진
보드카	цагаан архи /водка/	차강: 아르히 /워드카/
데킬라	декила	데킬라
맥주	пиво /шар айраг/	피오 /샤르 아이락/
생맥주	түүхий пиво	투:히: 피오
캔맥주	лаазтай пиво	라:쯔태 피오
병맥주	шилтэй пиво	실테 피오
칵테일	коктейл	칵테일

7. 쇼핑용 회화!

 ❶ 쇼핑 요령!

쇼핑은 미리 목록을 작성해서 하는 것이 좋습니다. 산지와 상점가의 위치도 미리 조사해 두도록 합니다. 구매물품에 대한 정보, 그러니까 어느 점포가 싸다든지, 어느 곳에서 좋은 물건을 살 수 있는 지 등에 대해서도 미리 조사를 해둡니다.

빠르게 찾고 쉽게 말하는 여행회화! 여러분의 여행을 보다 즐겁고 편안하게 만들어 드립니다!!

쇼핑 노하우!!!

❷ 면세점의 이용!

양주, 담배, 향수 등은 공항의 면세점(**Duty Free Store**)에서 사는 것이 경제적입니다. 면세점에서 산 물품은 배송되어 항공기 탑승구에서 받으실 수 있습니다. 시중 면세점에서 물건을 살 때는 여권을 제시해야 하며, 공항 면세점에서는 탑승권을 보여 주어야 합니다.

❸ 부가가치세 환불!

관광객을 많이 유치하기 위해 대부분의 상점들이 외국 여행객에 대해 부가세를 환불해 주거나 면세해줍니다. 이런 혜택을 받기 위해서는 구매 직전 외국 관광객임을 미리 밝히고, 면세신청서를 작성해 점원에게 제출을 합니다. 이렇게 하면 출국시 환불수속을 거쳐 환불 받을 수 있습니다.

❹ 유용한 쇼핑법!

가장 권장할 만한 쇼핑법으로 시장이나 주말공터에서 열리는 벼룩시장이 있습니다. 우리의 장터같은 정겨움을 느낄 수 있고, 값싸게 구매할 수 있다는 것 외에도 지역의 문화가 담겨 있는 진귀한 물건들을 한자리에서

7. 쇼핑용 회화

만날 수 있어 더 없이 훌륭한 쇼핑장소라고 하겠습니다. 벼룩시장 정보는 여행안내소의 안내지나 지역신문에 날짜가 공고되며, 주말에는 길거리에도 전단이 붙어 있어 장소를 쉽게 알 수 있습니다.

✚ 몽골의 특산품!

몽골에서의 주요 쇼핑 품목으로는 골동품과 그림, 캐시미어 제품 등입니다. 골동품은 지정 판매소에서 구입하며 구입시, 세관 통관 보증서를 받았다가 출국할 때에 요구할 경우 제출하도록 합니다.

외국 관광객이 주로 이용하는 곳은 '이흐델구르' 국영 백화점 4층과 '칭기스항' 호텔 주변에 있는 '스카이숍'이며, 그 외에 캐시미어 공장 직영 상점이나 그림, 골동품 전문 상점을 이용하시면 됩니다.

이러한 품목들은 백화점에서 구입시에는 정찰제이고 개인이 운영하는 상점에서는 가격의 10% 정도를 흥정할 수 있으므로 참고하시길 바랍니다.

빠르게 찾고 쉽게 말하는 여행회화! 여러분의 여행을 보다 즐겁고 편안하게 만들어 드립니다!!

① 쇼핑하는 법! 1.

❶ 상점들이 모여있는 주요 거리가 어디입니까?

❷ 그냥 아이쇼핑하는 거예요.

❸ 이것과 같은 것이 있습니까?

❹ 저것 좀 보여 주시겠어요?

❺ 이건 뭐 하는데 쓰는 거지요?

❻ 이것은 남성용입니까?

❼ 좀 더 좋은 것은 없습니까?

❽ 입어 봐도 될까요?

❾ 구두를 신어 봐도 될까요?

7. 쇼핑용 회화

❶ Дэлгүүрүүдийн гол гудамж хаана байдаг вэ?
델구:루:딩 걸 고담지 한: 바이뜨 웨?

❷ Зүгээр юм сонирхож байна.
쭈게:르 윰 서니르허지/쥐/ 바인.

❸ Энэ юмтай адилхан юм байна уу?
엔 윰태 아딜항 윰 바이노:?

❹ Тэр юмыг жаахан үзье.
테르 유미:끄 자:항 우찌.(우찌예.)

❺ Энэ юунд хэрэглэх юм бэ?
엔 유온뜨 헤레글레흐 윰 베?

❻ Энэ эрэгтэйгийн юм уу?
엔 에레끄테깅: 윰 오:?

❼ Үүнээс илүү сайн юм байхгүй юу?
우:네:쓰 일루: 사인 윰 바이흐꾸이 유오?

❽ Өмсөж үзэж болох уу?
엄서지/쥐/ 우쩨지/쥐/ 벌호:?

❾ Энэ гутлыг өмсөж үзэж болох уу?
엔 고뜰리:끄 엄서지/쥐/ 우쩨지/쥐/ 벌호:?

❷ 쇼핑하는 법! 2.

❿ 좀 더 큰 것은 없습니까?

⓫ 영업시간은 몇 시부터 몇 시까지입니까?

⓬ 이거 더 적은 사이즈 있습니까?

⓭ 이 바지는 허리둘레가 너무 꽉 낍니다.

⓮ 이 바지는 헐렁합니다.

⓯ 내겐 기장이 너무 깁니다.

⓰ 다른 색상은 없나요?

7. 쇼핑용 회화

❿ Үүнээс илүү том юм байхгүй юу?
우:네:쓰 일루: 텀 욤 바이흐꾸이 유오?

⓫ Хэдээс хэд хүртэл ажиллаж байгаа юм бэ?
헤데:쓰 헤뜨 후르텔 아질라지/쥐/ 바이가: 움 베?

⓬ Үүнээс арай жижиг юм байна уу?
우:네:쓰 아라이 지지끄 욤 바이노:?

⓭ Энэ өмдний бэлхүүс дэндүү багадаж байна.
엔 엄뜨니: 벨후:쓰 덴두: 바끄다지 바인.

⓮ Энэ өмд хэтэрхий том байна.
엔 엄뜨 헤테르히 텀 바인.

⓯ Энэ өмд надад дэндүү урт байна.
엔 엄뜨 나다뜨 덴두: 오르트 바인.

⓰ Өөр өнгөтэй юм байхгүй юу?
어:르 엉그테 욤 바이흐꾸이 유오?

❸ 물건값을 낼 때!

❶ 좋습니다. 이것으로 주세요.

❷ 전부 합해서 얼마입니까?

❸ 너무 비쌉니다.

❹ 보다 싼 것은 없습니까?

❺ 조금만 더 싸게 해주시겠어요?

❻ 어떻게 지불하시겠습니까?

❼ 크레디트 카드를 받습니까?

7. 쇼핑용 회화

❶ **За, болно. Үүнийг авъя.**
자, 벌르너. 우:니:끄 아위야.

❷ **Нийтдээ ямар үнэтэй вэ?**
니:트데: 야마르 운테 웨?

❸ **Их /Хэтэрхий/ үнэтэй байна.**
이흐 /헤테르히:/ 운테 바인.

❹ **Арай хямдхан юм байхгүй юу?**
아라이 히얌뜨항 윰 바이흐꾸이 유오?

❺ **Жаахан хямдруулж өгөхгүй юү?**
자:홍 히얌뜨롤:지 어거흐꾸이 유:?

❻ **Юугаар тооцоо хийх вэ?**
유오가:르 터:처: 히:흐 웨?

❼ **Кредит карт авдаг уу?**
크레디트 카르트 아브뜩 오:?

④ 백화점 쇼핑!

❶ 실례합니다.

❷ 화장품은 어디에 있습니까?

❸ 넥타이는 어디에서 살 수 있습니까?

❹ 이 두 개의 차이점이 뭔가요?

❺ 이것 두 개의 가격은 얼마입니까?

❻ 이것은 40불이고 저것은 30불입니다.

❼ 이 제품, 흰색으로 있습니까?

❽ 탈의실은 어디입니까?

❾ 다른 것을 보여주실 수 있습니까?

7. 쇼핑용 회화

❶ Уучлаарай!
오:칠라:래:!

❷ Гоо сайхны бараа хаа байна (вэ) ?
거: 사이흐니: 바라: 하: 바인 (웨) ?

❸ Зангиа хаанаас авч болох вэ?
장기아 하:나:쓰 아브치 벌러흐 웨?

❹ Энэ хоёр юмын ялгаа нь юу вэ?
엔 허여르 유밍: 얄간: 유오 웨?

❺ Энэ хоёр юмын үнэ нь хэд вэ?
엔 허여르 유밍: 운은 헤드 웨?

❻ Энэ нь 40, тэр нь 30 байна
엔은 더치, 테른 고치 바인.

❼ Энэ, цагаан юм байна уу?
엔 차강: 윰 바이노:?

❽ Өмсөж үзэх газар /хувцас өмсдөг өрөө/ хаа байна (вэ) ?
엄서지 우쩨흐 가짜르 /호브차쓰 엄쓰뜩 어러:/ 하: 바인 (웨) ?

❾ Өөр юм үзүүлж болох уу?
어:르 윰 우쭐:지 벌호:?

⑤ 면세점 쇼핑!

❶ 면세점은 어디에 있습니까?

❷ 브랜디를 사고 싶습니다.

❸ 말보로 한 갑 주세요.

❹ 여권을 보여 주십시오.

❺ 어떤 상품을 원하십니까?

❻ 얼마까지 면세입니까?

❼ 이것과 저것을 하나씩 주십시오.

7. 쇼핑용 회화

❶ Татваргүй дэлгүүр нь хаа байна (вэ)?
타트와르구이 델구:른 하: 바인 (웨)?

❷ Би brandy авмаар байна.
비 브랜디 아우마:르 바인.

❸ Нэг хайрцаг malboro авъя.
네끄 하이르차끄 말보로 아위야.

❹ Паспорт үзүүлнэ үү.
파스포르트 우쭐:르누:.

❺ Ямар бараag авах санаатай юм бэ?
야마르 바라:끄 아와흐 사나:태 윰 베?

❻ Хэдэн хувь хүртэл татваргүй юм бэ?
헤뎅 호비 후르텔 타트와르구이 윰 베?

❼ Энэ тэр тус тусдаа нэг нэгээр авъя.
엔 테르 토쓰 토쓰따: 네끄 네게:르 아위야.

⑥ 기념품점 쇼핑!

❶ 어디에 좋은 기념품점이 있습니까?

❷ 뭐 특별히 찾고 계신 것 있으십니까?

❸ 부모님께 드릴 기념품을 원합니다.

❹ 이 도시의 특산품은 무엇입니까?

❺ 윈도우에 있는 것을 보여 주세요.

❻ 선물포장지로 해주시겠습니까?

❼ 한국으로 부쳐주실 수 있습니까?

7. 쇼핑용 회화

① Сайхан бэлэг дурсгалын дэлгүүр хаана байна (вэ)?
사이항 벨레끄 도르쓰갈링: 델구:르 한: 바인 (웨)?

② Тусгайлан авах гэж байгаа юм байна уу?
토쓰가일랑 아와흐 게지 바이가: 윰 바이노:?

③ Эцэг эхэндээ өгөх бэлэг дурсгалын юм авах санаатай.
에체끄 에히테: 어거흐 벨레끄 도르쓰갈링: 윰 아와흐 사나:태.

④ Энэ хотын онцлох бүтээгдэхүүн нь юу юм бэ?
엔 허팅: 언츨러흐 부테:끄데훙: 은 유오 윰 베?

⑤ Тэр цонхны үзмэрт байгааг үзье.
테르 청흐니: 우쯔메르트 바이가:끄 우찌.

⑥ Үүнийг бэлэгийн боодлын цаасаар боож өгнө үү.
우:니끄 벨레깅: 버:들링 차:싸:르 버:지/쥐/ 어그누:.

⑦ Үүнийг солонгос руу явуулж өгч чадах уу?
우:니끄 설렁거쓰 로: 야볼:지 어그치 차뜨호:?

7 슈퍼마켓 쇼핑!

❶ 실례합니다. 커피를 찾고 있습니다.

❷ 어디에서 살 수 있는지 말씀해 주시겠어요?

❸ 우유는 어디에 있습니까?

❹ 그 물건은 다 떨어졌습니다.

❺ (쇼핑)백에 넣어주시겠어요?

❻ 종이 백을 드릴까요, 비닐 백을 드릴까요?

❼ 영수증을 주시겠어요?

7. 쇼핑용 회화

❶ Уучлаарай. Би кофе авмаар байна.
오:칠라:래. 비 커피 아우마:르 바인.

❷ Хаанаас авч чадахыг хэлж өгөхгүй юү?
하:나:쓰 아브치 차다히:끄 헬지 어거흐꾸이 유:?

❸ Сүү хаа байна (вэ)?
수: 하: 바인 (웨)?

❹ Тэр юм бүгд дууслаа.
테르 윰 부그뜨 도:쓸라:.

❺ Үүнийг цаасан цүнхэнд хийж өгөхгүй юү.
우:니끄 차:승 충헨뜨 히지 어거흐꾸이 유:.

❻ Цаасан уут авах уу, гялгар уут авах уу?
차:승 오:트 아호:, 걀가르 오:트 아호:?

❼ Тасалбар өгнө үү.
타쌀바르 어그누:.

✚ 쇼핑 관련 단어들!

영업중	нээлттэй 넬:트테
폐점	хаалттай 할:트태
쇼핑몰(센터)	худалдааны төв 호달따:니터우
선물가게	бэлэг дурсгалын дэлгүүр
	벨레끄 도르쓰갈링: 델구:르
민예품점	соёл урлагын дэлгүүр
	서열 오를라깅: 델구:르
백화점	их дэлгүүр 이흐 델구:르
바겐세일	оицгой хямдлал
	언츠거이 히얌뜨랄
가격	үнэ 운
견본	загвар /үзүүлэн/
	자끄와르 /우쭐:렝/
할인	хямдруулах /хямдрал/
	히얌뜨롤:라흐 /히얌뜨랄/
최저가격	хамгийн доод үнэ 함깅: 더:뜨 운
교환하다	солилцох /солилцоо/
	설릴처흐 /설릴처:/
설명서	тайлбар ном бичиг
	타일바르 넘 비치끄
선물	бэлэг 벨레끄
포장하다	боох 버:흐
환불	мөнгөөр солих 멍거:르 설리흐
남자직원	(эрэгтэй) ажилтан
	(에레끄테) 아질탕
여자직원	(эмэгтэй) ажилтан
	(에메끄테) 아질탕
여행자수표	жуулчны чек 졸:치니 첵
크레디트카드	кредит карт 크레디트 카르트

8. 우편, 전화, 은행!

1) 우체국!

 ❶ 우체국의 이용!

여행중에 고국으로 보내는 엽서나 편지는 남다른 기쁨을 줍니다. 호텔에 숙박 중이라면 방에 비치되어 있는 편지지와 봉투를 이용해서 호텔프론트에 맡기면 됩니다. (후불정산) 우체국에 가면 편지는 물론 소포를 보낼 수 있도록 박스와 소포지, 끈 등이 모두 준비되어 있습니다. 우표는 우체국 외에 호텔의 로비, 약국, 터미널에 설치되어 있는 자동판매기를 이용해 살 수도 있습니다.

빠르게 찾고 쉽게 말하는 여행회화! 여러분의 여행을 보다 즐겁고 편안하게 만들어 드립니다!!

우체국과 국제전화!

 ❷ 우편물 보내기!

편지봉투를 쓰는 법 : 편지봉투를 4분할 했을 때 좌측 상단은 보내는 사람주소, 우측 하단은 받는 사람의 주소를 씁니다. 우편물의 받는 사람의 주소는 어느 나라 말로 써도 상관없지만 국가명만은 반드시 영어로 기입합니다. 즉 서울의 집주소를 한글로 써도 상관없지만 국가명만은 우측 제일 하단에 **'SOUTH KOREA'**라고 써주어야 한다는 것입니다. 그리고 우측 상단은 우표를 붙여야 하니까 비워 두고, 좌측 하단은 배달방식 그러니까 항공우편일 경우는 **'AIR MAIL'** 또는 **'PAR AVION'**이라고 쓰거나 스티커를 붙이게 되고, 선편일 경우는 **'SEA MAIL'**이라고 표기합니다.

그리고 기타 속달, 등기, 소포는 직접 가서 우체국 창구를 이용해야 하며, 우편물을 빨리 보내려면 EMS로 보내면 됩니다.

2) 국제전화!

 ❶ 국제전화 걸기!

국제전화를 걸 때는 먼저 해당국의 시차를 미리 고려해야 하는데, 시차 때문에 너무 늦은 시간이나 너무 일찍 전화하게 되는 경우가 있습니다. 그리고 국제전화를 신청할 때는 반드시 상대방 전화번호, 도시명, 이름 등을 메모한 후, 교환원과 연결이 되면 통화하실 종류를 분명

8. 우편, 전화, 은행!

하게 교환원에게 밝히고, 전화번호는 한자씩 끊어 천천히 불러줍니다.

한국에서 몽골로 전화할 경우에는 001(국제전화번호)-976(몽골 국가번호)-11(몽골내 지역번호-울란바타르, 핸드폰의 경우는 필요 없음)-전화번호를 누르시면 됩니다.

몽골에서 한국으로의 국제통화는 001-82(한국 국가번호)-2(지역번호-서울)-전화번호를 누르시면 되며, 콜렉트콜의 경우 1분당 요금이 5$ 정도로 비싼편이므로 참고하시길 바랍니다.

 ❷ 국제전화 카드!

여행전에 한국에서 미리 전화카드를 준비하거나 휴대폰 로밍서비스를 신청하는 방법도 있습니다. 선불카드의 장점은 우선 저렴하고, 한국어 안내방송을 들을 수 있다는 것 등입니다. 사용방법은 콜렉트콜처럼 국가별 접속번호를 누른 후 안내방송에 따라 카드번호, 비밀번호, 상대방 전화번호를 차례로 누르면 됩니다.

주요 통신사의 카드로는 한국통신 KT카드(080-2580-161), 데이콤 콜링카드(082-100), 온세통신 후불카드(083-100) 등이 있으며, 신청 즉시 카드번호를 발부받을 수 있습니다.

빠르게 찾고 쉽게 말하는 여행회화! 여러분의 여행을 보다 즐겁고 편안하게 만들어 드립니다!!

3) 은행의 이용!

❶ 현지에서의 환전!

해당 여행국가에서의 환전은 제일 먼저 도착 공항이나 큰 규모의 중앙역에서 가능하며, 주요 대도시에는 일반 은행들이 많이 있기 때문에 이곳을 이용해도 됩니다. 대형 백화점이나 면세점에도 환전소가 있으므로 환전에는 크게 어려움이 없습니다. 그러나 호텔이나 고급상점들에서의 환전은 10% 정도 더 손해를 봅니다.

몽골 통화의 단위는 투그릭(Tugrik)이며 화폐의 종류는 1, 5, 10, 20, 50, 100, 500, 1000, 5000, 10,000tg의 지폐가 있습니다. 주로 통용되는 단위는 100, 500, 1,000tg으로 지폐를 사용하며 동전은 통용되지 않습니다.
한국과 몽골의 화폐는 직접 환전이 안 되므로 한국에서 미국 달러로 여행 경비를 환전해 가서 몽골에 도착한 후, 그곳의 은행이나 호텔 등지의 환전소에서 환전하면 됩니다. 또한 사용하고 남은 몽골 화폐의 경우도 미국 달러나 중국 인민폐 등으로 환전해 와서 국내에서 원화로 재환전하도록 합니다.

❷ 은행의 업무 시간!

나라마다 은행의 이용 가능한 시간이 다르므로 공휴일

8. 우편, 전화, 은행!

과 은행 업무 시간을 잘 확인하셔서 이용에 차질이 없도록 합니다.

 ❸ 신용카드

현금 외에도 비상시에 사용할 수 있도록 신용카드를 준비해 가는 것이 좋습니다. 신용카드의 장점은 현금을 많이 지니고 다니지 않아도 된다는 것과 고가품을 구입할 때 일시에 부담하지 않아도 된다는 점들을 들 수 있습니다. 해외에서 통용되는 대표적인 신용카드로는 **Master Card, American Express Card, Diners Club Card, Visa Card** 등이 있습니다. 그러나 상점에 따라 통용되지 않는 카드도 있기 때문에 가장 일반적인 것으로 두 장 정도 준비하는 것이 좋습니다. 신용카드의 해외 사용 한도액은 카드 종류에 따라 다르며 사용한 대금은 2개월 이내에 원화로 갚습니다. 또한, 분실에 대비해 카드번호를 따로 기록해 두는 것이 필요합니다.

몽골에서도 고급 호텔이나 레스토랑, 상점 등지에서 신용카드를 사용할 수 있습니다. 그러나 모든 곳에서 사용이 가능한 것은 아니므로 물건을 구입 시에 신용카드를 사용하려 한다면 카드 결제가 가능한 지를 미리 물어보도록 합니다. 통상 신용카드를 받는 곳은 가맹점 표시를 상점 입구에 표시하고 있습니다.

① 우편물 보내기!

❶ 중앙 우체국은 어디 있습니까?

❷ 사서함은 어디 있습니까?

❸ 편지를 한국에 항공편으로 보내려 합니다.

❹ 이 엽서를 한국으로 보내고 싶습니다.

❺ 항공편으로 부치면 얼마나 걸립니까?

❻ 얼마치의 우표를 붙여야 합니까?

❼ 우편요금은 얼마입니까?

❽ 속달로 보내주세요.

8. 우편, 전화, 은행!

❶ Төв шуудан хаана байна вэ?
터우 쇼:당 한: 바인 웨?

❷ Шуудангийн хайрцаг хаана байна вэ?
쇼:당깅: 하이르차끄 한: 바인 웨?

❸ Энэ захиаг солонгос руу агаарын шуудангаар явуулах гэсэн юм.
엔 자히아끄 설렁거쓰 로: 아가:링 쇼:당가:르 야올:라흐 게쓰임.

❹ Энэ ил захидлыг солонгос руу явуулмаар байна.
엔 일 자히들리:끄 설렁거쓰 로: 야올:마:르 바인.

❺ Агаарын шуудангаар хэд хоноод хүрэх вэ?
아가:링 쇼:당가:르 헤뜨허너:뜨 후레흐 웨?

❻ Ямар үнэтэй марк наах вэ?
야마르 운테 마르크 나:흐 웨?

❼ Шуудангийн хураамж нь хэд вэ?
쇼:당깅 호람:진 헤뜨 웨?

❽ Яралтай захидалаар явуулж өгнө үү.
야랄태 자히들라:르 야올:지 어그누:.

❷ 소포 보내기!

❶ 이 소포를 보내고 싶습니다.

❷ 소포용 상자가 있습니까?

❸ 소포용으로 포장해 주세요.

❹ 이 소포를 선편으로 부치려 합니다.

❺ 소포 12개를 한국으로 보내고 싶습니다.

❻ 소포를 보험에 드시겠습니까?

❼ 이 소포의 무게를 달아주시겠습니까?

8. 우편, 전화, 은행!

① Энэ илгэмжийг явуулмаар байна.
엔 일겜지끄 아올:마르 바인.

② Илгэмж явуулах хайрцаг байна уу?
일겜지 야올:라흐 하이르차끄 바이노:?

③ Илгэмж явуулах цаасаар боож өгнө үү.
일겜지 야올:라흐 차:싸르 버:지 어그누:.

④ Энэ илгэмжийг усан онгоцоор явуулах гэж байна.
엔 일겜지:끄 오승 엉거처:르 야올:라흐 게지 바인.

⑤ 12 илгэмжийг солонгос руу явуулмаар байна.
아르왕 허여르 일겜지:끄 설렁거쓰로: 야올:마르 바인.

⑥ Энэ илгэмжийг даатгуулах уу?
엔 일겜지:끄 다:트골:라흐?

⑦ Энэ илгэмжийн жинг хэмжиж өгнө үү.
엔 일겜징: 징끄 헴지지 어그누:.

❸ 공중전화 걸기!

❶ 공중전화는 어디에 있습니까?

❷ 전화카드는 어디에서 살 수 있습니까?

❸ 이 전화로 국제전화를 걸 수 있습니까?

❹ 이 전화의 사용법을 가르쳐주시겠습니까?

❺ 한국의 국가번호를 가르쳐주시겠습니까?

❻ 이 번호로 전화하는 법을 가르쳐 주십시오.

❼ 긴급전화입니다.

8. 우편, 전화, 은행!

1 Нийтийн утас /таксофон/ хаа байна (вэ) ?
니:팅: 오타쓰 /탁쏘폰/ 하:바인 (웨)?

2 Утасны карт нь хаанаас авч болох вэ ?
오타쓰니: 카르튼 하:나쓰 아브치 벌러흐 웨?

3 Энэ утсаар олон улсын хоорондоо ярьж чадах уу?
엔 오트싸:르 얼렁 올쓰잉: 허:런더: 애리지 차뜨호:?

4 Энэ утсаар яаж утасдах вэ?
엔 오트싸:르 야지 오타쓰다흐 웨?

5 Солонгосын улсын дугаарыг /кодыг/ зааж өгнө үү.
설렁거쓰잉: 올쓰잉: 도가:리:끄 /코디:끄/ 자:지 어그누:.

6 Энэ дугаараар утасдах аргыг зааж өгнө үү.
엔 도가:라:르 오타쓰다흐 아르기:끄 자:지 어그누:.

7 Яаралтай утас байна.
야:랄태 오타쓰 바인.

④ 전화대화 표현!

❶ 여보세요. 거기가 423-7156입니까?

❷ 전화거신 분은 누구십니까?

❸ 저는 김기성입니다.

❹ 내선 890번 부탁합니다.

❺ 민수 좀 바꿔 주시겠어요?

❻ 여기에 그런 이름을 가진 사람이 없습니다.

❼ 미안합니다. 잘못 걸었습니다.

❽ 그(그녀)는 지금 외출중입니다.

❾ 언제쯤 돌아옵니까?

8. 우편, 전화, 은행!

❶ Байна уу. Энэ утас 423–7156 мөн үү?
바이노:. 엔 오타스 더르윙 종 허링 고롭 달릉 네끄 타윙 조르가 무누:?

❷ Та хэн бэ?
타 헴 베?

❸ Би Ким Гисонг байна.
비 김기성 바인.

❹ Дотуур утасны дугаар 890–тэй ярья.
더토:르 오타쓰니 도가:르 나임종 예리태 애리야.

❺ Миньсү–тэй ярья.
민수–테 애리.

❻ Энд тийм нэртэй хүн байдаггүй.
엔뜨 팀: 네르테 훔 바이뜩꾸이.

❼ Уучлаарай ! Би буруу залгачихжээ.
오:칠라:래! 비 보로: 잘가치흐제:.

❽ Тэр одоо гадуур явж байгаа.
테르 어떠: 가또:르 야브지 바이가:.

❾ Тэр хэзээ буцаж ирэх юм бол ?
테르 히쩨: 보차지 이레흐 윰 벌?

5 국제전화 걸기! 1.

❶ 교환입니다. 무엇을 도와드릴까요?

❷ 한국의 서울로 국제통화를 하고 싶습니다.

❸ 잠깐만 기다리세요.

❹ 국제전화 교환원을 연결해 드리겠습니다.

❺ 한국의 서울로 직접 전화할 수 있습니까?

❻ 한국으로 국제전화를 걸고 싶습니다.

❼ 수신자부담으로 해주세요.

❽ 요금은 여기서 지불하겠습니다.

❾ 번호를 알려주시겠습니까?

8. 우편, 전화, 은행!

❶ Би залгагч. Танд юу туслах вэ?
비 잘가끄치. 탄뜨 유오 토쓸라흐 웨?

❷ Би Сөүл рүү утсаар яримаар байна.
비 서울 루: 오트싸:르 애리마:르 바인.

❸ За, түр хүлээж байгаарай.
자, 투르 홀레:지 바이가:래

❹ Олон улсын утасны залгагчид ярьж өгьё.
얼렁 올쓰잉: 오타쓰니: 잘가끄치드 애리지 어기.(어기여.)

❺ Солонгосын Сөүл рүү шууд ярьж болох уу?
설렁거쓰잉: 서울 루: 쇼:뜨 애리지 벌호:?

❻ Солонгос луу утсаар яримаар байна.
설렁거쓰 로: 오트싸:르 애리마:르 바인.

❼ Collect call(Цаана утсаа авах талаас төлбөр төлдөг)–оор ярья.
콜렉트 콜(찬: 오트싸: 아와흐 탈라:쓰 털버르 털뜩) – 어르 애리.(애리야.)

❽ Утасны төлбөр энд төлнө.
오타쓰니: 털버르 엔드 털릉.(털르너.)

❾ Утасны дугаар зааж өгнө үү.
오타쓰니: 도가:르 자:지 어그누:.

❻ 국제전화 걸기! 2.

❿ 전화번호는 82-2-3124-5678입니다.

⓫ 성함과 번호를 말씀해 주십시오.

⓬ 제 이름은 김기성입니다.

⓭ 전화번호는 726-4523입니다.

⓮ 김선민 씨와 통화하고 싶습니다.

⓯ 전화를 받는 사람은 아무라도 상관없습니다.

⓰ 신청하신 곳이 나왔습니다. 말씀하십시오.

8. 우편, 전화, 은행!

❿ **Утасны дугаар 82–2–3124–5678 байна.**
오타쓰니: 도가:르 나잉허여르–허여르–고칭네끄허링더럽–타윙조르가:달릉나임 바인.

⓫ **Таны нэр ба утасны дугаар зааж өгнө үү.**
타니: 네르 바 오타쓰니: 도가:르 자:지 어그누:.

⓬ **Миний нэр Ким Гисонг байна.**
미니: 네르 김기성 바인.

⓭ **Утасны дугаар нь 726–4523 байна.**
오타쓰니: 도가:른 덜렁종허링조르가:–더칭타우허링고롭 바인.

⓮ **Ким Соньминь–той ярья.**
김선민–태 애리.

⓯ **Хэн ч утас авсаи хамаагүй.**
헹 치 오타쓰 아와산 하마:구이.

⓰ **Таны захиалсан газар гарч ирлээ. Одоо яриарай.**
타니: 자히알승 가짜르 가르치 이를레:. 어떠: 애리아래.

7 호텔에서의 전화!

❶ 여보세요, 교환이죠?

❷ 한국으로 전화를 부탁합니다.

❸ 전화번호를 말씀해 주십시오.

❹ 콜렉트콜로 서울의 이수진 씨를 부탁합니다.

❺ 서울의 전화번호는 961-4793번입니다.

❻ 선생님의 성함과 룸넘버를 말씀해 주세요.

❼ 저의 이름은 김민수이며 502호실입니다.

❽ 끊지말고 잠시 기다려 주세요.

8. 우편, 전화, 은행!

❶ Байна уу, залгагч мөн үү?
바이노:, 잘가그치 무누:?

❷ Солонгос руу утсаар яримаар байна.
설렁거쓰 로: 오트싸:르 얘리마:르 바인.

❸ Утасны дугаар хэлж өгнө үү.
오타쓰니: 도가:르 헬지 어그누:.

❹ Collect call–оор Сөүл–ийн Лий Сүжинь–тэй ярья.
콜렉트 콜–어르 서울링: 이수진테 얘리.

❺ Сөүл–ийн утасны дугаар 961–4793 байна.
서울링: 오타쓰니: 도가:르 유승종자릉네꼬–더 칭덜러:예링고롭 바인.

❻ Таны нэр болон өрөөний дугаар хэлж өгнө үү.
타니: 네르 벌렁 어러:니 도가:르 헬지 어그누:.

❼ Миний нэр Ким Миньсү, өрөөний дугаар 502 байна.
미니:네르 김민수, 어러:니:도가:르 타운종 허여르 바인.

❽ Утсаа тавихгүйгээр түр хүлээж байгаарай.
오트싸: 타위흐꾸이게:르 투르 홀레:지 바이가:래.

우편|전화 관련 단어!

● 우편 관련 단어표현

우체국	шуудан 쇼:당
엽서	ил захидал 일 자히달
항공봉함엽서	агаарын ил захидал 아가:링: 일 자히달
편지지	захианы цаас 자히아니: 차:쓰
편지봉투	дугтуй 도끄토이
발신인	илгээгч /явуулах хүн/ 일게:그치 /야올:라흐 훙/
수신인	хүлээн авагч /авах хүн/ 홀렝: 아와끄치 /아와흐 훙/
주소	хаяг 하이끄
우체함(사서함)	шуудагийн хайрцаг 쇼:당깅: 하이르차끄
등기우편	баталгаатай захидал /захиа/ 바틀가:태 자히달 /자히아/
속달	яаралтай захидал /захиа/ 야:랄태 자히달 /자히아/
우표	марк 마르크
항공편	агаарын шуудан 아가:링: 쇼:당
선편	усан онгоцны шуудан 오승 엉거츠니: 쇼:당
소포	илгээмж 일겜:지
취급주의	анхаарах зүйл /анхаарал/ 앙하:라흐 주일 /앙하:랄/

8. 우편, 전화, 은행!

● 전화 관련 단어표현

공중전화	нийтийн утас /таксофон/	
	니팅 오타쓰 /탁쏘폰/	
거리전화	гудамжны утас	
	고담지니: 오타쓰	
누르다	дарах 다라흐	
전화번호	утасны дугаар /номер/	
	오타쓰니: 도가:르 /너미르/	
다이얼하다	залгах 잘가흐	
구내전화	дотуур утас 더토:르 오타쓰	
번호안내	утасны дугаар лавлах	
	오타쓰니: 도가:르 라블라흐	
통화	утсаар ярих 오트싸:르 애리흐	
긴급전화	яаралтай утас 야:랄태 오타쓰	
시내전화	хотын утас 허팅: 오타쓰	
장거리전화	хот хоорондын утас	
(시외전화)	허트 허:런딩: 오타쓰	
교환원	залгагч 잘가그치	
국가번호	улсын дугаар /номер, код/	
	올쓰잉: 도가:르 /너미르, 코드/	
지역번호	хотын дугаар /номер, код/	
	허팅: 도가:르 /너미르, 코드/	
콜렉트콜	Collect call (Цаана утсаа авах	
	талаас төлбөр төлдөг)	
	콜렉트콜 (찬:오트싸 아와흐 탈라:쓰 털버르 털뜩)	

⑧ 은행의 이용!

❶ 여행자수표를 현금으로 바꾸고 싶습니다.

❷ 얼마나 현금으로 바꾸시겠습니까?

❸ 500불입니다.

❹ 여권 좀 보여주시겠습니까?

❺ 네, 여기 수표도 있습니다.

❻ 수표에 서명해주십시오.

❼ 돈을 어떻게 바꾸어 드릴까요?

8. 우편, 전화, 은행!

❶ Энэ жуулчний чекийг бэлэн мөнгөөр болгож өгнө үү.
엔 졸:치니 체키:끄 벨렝 멍거:르 벌거지 어그누:.

❷ Та хэдийг бэлэн мөнгөөр болгох вэ?
타 헤디끄 벨렝 멍거:르 벌거흐 웨?

❸ 500 доллар.
타운종 덜러르.

❹ Паспорт үзүүлнэ үү.
파스포르트 우쭐:르누:.

❺ За, энд жуулчны чек ч бий.
자, 엔뜨 졸:치니: 체크 치 비.

❻ Чекэнд гарын үсэг зурна уу.
체큰뜨 가링: 우쎄끄 조르노:.

❼ Мөгийг яаж солих /задлах/ вэ?
멍기끄 야:지 설리흐 /자뜰라흐/ 웨?

❾ 잔돈 바꾸기!

❶ 잔돈 좀 바꾸고 싶습니다.

❷ 이 지폐를 좀 바꾸어 주시지 않겠습니까?

❸ 얼마 바꾸시길 원하세요?

❹ 100불짜리를 잔돈으로 바꾸고 싶습니다.

❺ 어떻게 바꿔드릴까요?

❻ 20불짜리 3장, 10불짜리 4장으로 주십시오.

❼ 20달러를 터그럭(투그릭)으로 교환해 주세요.

8. 우편, 전화, 은행!

❶ Энэ мөнгийг задгай мөнгөөр задалж өгнө үү.
엔 멍기:끄 자뜨가이 멍거:르 자뜰지 어그누:.

❷ Энэ мөнгийг задалж өгөхгүй юу?
엔 멍기:끄 자뜰지 어거흐꾸이 유:?

❸ Хэдийг задлах гэж байна (вэ)?
헤디:끄 자뜰라흐 게지 바인 (웨)?

❹ 100 долларыг задалмаар байна.
종: 덜러리:끄 자뜰마:르 바인.

❺ Яаж задлах юм бэ?
야:지 자뜰라흐 움 베?

❻ 20 долларын цаас 3, 10 долларын цаас 4 –өөр задалж өгнө үү.
허링 덜러링: 차:쓰 고롭, 아르왕 덜러링: 차:쓰 더럽 어:르 자뜰지 어그누:.

❼ 20 долларыг монгол төгрөгөөр солих гэсэн юм.
허링 덜러리:끄 몽골 터그럭어:르 설리흐 게쓰임.

은행 관련 단어들!

○ 은행 관련 단어표현

환전소	мөнгө солих/задлах/ газар/цэг/ 멍그 설리흐/자뜰라흐/가짜르/체끄/
환전율	мөнгөний ханш 멍그니: 한시
창구	цонх 청흐
잔돈	задгай мөнгө 자뜨가이 멍그
지폐	цаасан мөнгө 차:승 멍그
주화	зоос 저:쓰
여행자수표	жуулчны чек 졸:치니: 체크
서명	гарын үсэг 가링: 우쎄끄
바꾸다	солих /задлах/ 설리흐 /자뜰라흐/
달러	доллар /덜러르/
(몽골) 터그럭	(Монгол) төгрөг (몽골) 터그럭
(러시아) 루블	(Орос) рубль (어러스) 루블
(중국) 위앤	(Хятад) юань (햐타뜨) 유안
(한국) 원	(Солонгос) вонь (설렁거쓰) 원

9. 교통수단!

❶ 몽골의 교통 정보!

몽골은 유럽이나 미주 지역처럼 배낭 여행자를 위한 교통 시설이 완벽하게 갖추어지진 않았지만 철도나 항공기 등이 제한적으로 운행되고 있고 그밖의 지역은 버스나 렌트카 등을 이용하면 되므로 관광하고자 하는 지역의 교통 사정에 맞추어 교통수단을 선택하시면 되겠습니다. 다음은 몽골 지역에 대한 상세한 교통 정보입니다.

빠르게 찾고 쉽게 말하는 여행회화! 여러분의 여행을 보다 즐겁고 편안하게 만들어 드립니다!!

교통수단의 이용!

● **항공**

국내에서는 대한항공이 주 3회 몽골 울란바타르에 운항되고 있으며 몽골에서는 몽골항공이 서울, 북경, 오사카, 모스크바 등지에 국제선 운항을 하고 있습니다.

울란바타르~서울 : 월, 수, 금, 일요일 주 4회
 (몽골항공)
 월, 목, 토요일 주 3회(대한항공)

울란바타르~북경 : 월, 수, 토요일 주 3회(몽골항공)
 화, 금요일 주 2회(중국항공)

울란바타르~오사카 : 월, 금요일 주 2회(몽골항공)

울란바타르~모스크바-베를린 : 월, 목, 일요일 주 3회
 (몽골항공)
 화요일 주 1회
 (러시아항공)

● **철도**

몽골의 철도는 남북과 동서로 연결된 구간만이 제한적으로 운행되고 있습니다.

울란바타르~북경 : 목, 일요일 주 2회
 (울란바타르 출발)

울란바타르~모스크바 : 화, 목, 토요일 주 3회
 (울란바타르 출발)

9. 교통수단

북경~울란바타르 : 목, 일요일 주 2회
　　　　　　　　 (울란바타르 도착)

모스크바~울란바타르 : 일, 월, 화요일 주 3회
　　　　　　　　　　(울란바타르 도착)

● **택시**

몽골에서는 영업 허가를 내서 운행하는 택시도 많고, 일반 승용차도 자기 편의대로 영업행위를 하고 있으며, 수도인 울란바타르의 포장된 도로에서만 선택적으로 운행됩니다. 요금은 1km당 200tg이며 외국인의 경우, 바가지 요금을 요구하기도 하므로 승하차시 계기판 속 도계상의 주행거리를 주시하시여 요금을 계산하도록 합니다. 택시는 인도에 서서 손을 들면 아무곳에서나 잡을 수 있으며 택시 기사에 대한 팁은 없습니다.

● **렌트카**

운전에 자신이 있는 분이라면 렌트카를 이용해 관광을 해도 좋겠습니다. 특히 가족이나 친구끼리 3~5명이 함께 여행을 하는 것이라면 교통비도 줄이면서 시간과 장소도 자유롭게 선택할 수 있는 장점이 있으므로 이용해 볼만합니다.

교통수단의 이용!

차를 렌트할 때에는 여권과 국제운전면허증, 신용카드가 필요하며, 요금은 차종과 기간, 지역, 변속장치, 렌트카 회사에 따라 다르게 적용됩니다.

할인된 요금으로 차를 렌트하려면 여행을 떠나기 전에 국내 여행사에서 사전 예약을 해야 하며, 요금은 조금 비싸지만 몽골어에 어느 정도 자신이 있다면 현지에서 직접 빌릴 차의 상태를 꼼꼼히 확인한 후 렌트하는 것도 하나의 방법입니다.

몽골의 통행방법은 한국과 마찬가지로 우측통행이나 자동차는 좌우측 핸들 모두 허용됩니다. 수도인 울란바타르 시내는 대부분 길이 좁은 편이며 제일 큰 거리인 평화의 거리도 일방 3차선 거리입니다. 길이 좁고 겨울에 추운 날씨로 인해 길이 어는 곳이 많아서 접촉사고가 많이 일어나는데 몽골인들은 일반적으로 교통사고 발생시에 경찰을 부르지 않고 운전자들끼리 서로 합의하여 해결합니다.

교통법규를 위반했을 시에는 잘못을 시인하는 자세로 경찰의 지시에 따르며 조용히 영어로 이야기를 하는 것이 좋은데 그 이유는 몽골의 경찰은 대부분 영어를 알아듣지 못하므로 본인이 귀찮아 그냥 보내는 경우가 종종 있기 때문입니다.

9. 교통수단

✚ 나담 축제!

차강사르라 불리는 음력설과 더불어 몽골인의 최대의 축제로서 고대로부터 계속 이어져 왔으며 1921년 독립혁명 승리 이후에는 국가 주도의 공식적인 행사가 되었습니다. 나담 축제는 매년 7월 11~13일에 수도인 울란바타르와 지방 각지에서 열리는데 세계적으로도 유명한 축제라 많은 관광객이 이 축제를 보기 위해 몽골을 방문합니다. 축제 기간 동안 몽골 씨름인 버흐, 활쏘기, 말경주의 3경기가 치뤄지는데 몽골 유목민의 힘과 용맹성을 보여주는 경기라 할 수 있습니다. 활쏘기와 말경주에는 남녀 모두 참가할 수 있으며 버흐에는 남자들만이 참가할 수 있습니다. 특히, 버흐 경기 중 선수가 추는 '봉황새 춤'은 관광객들의 흥미를 자아냅니다. 축제의 첫날, 의회 건물 앞 수흐바타르 광장에서 다채로운 행진으로 축제가 시작됩니다. 말을 탄 호위병과 선수들, 낙하산 강하, 대통령 축하연설로 개회식을 벌인 후 3일 동안 각 분야별로 경기를 치뤄서 마지막 날에 우승자를 가리는 것으로 모든 축제는 끝이 납니다.

✚ 몽골의 공휴일!

신정 : 1월 1일
차강사르 : 음력 1월 1일부터 2일간
        (우리의 설과 같은 개념)
모자의 날 : 6월 1일
나담 축제 : 7월 11~13일
제헌절 : 11월 26일

빠르게 찾고 쉽게 말하는 여행회화! 여러분의 여행을 보다 즐겁고 편안하게 만들어 드립니다!!

① 철도의 이용! 1.

❶ 매표소는 어디에 있습니까?

❷ 열차시각표를 보여주십시오.

❸ 좌석을 예약해야 합니까?

❹ 급행이 있습니까?

❺ 기차를 갈아타야 합니까?

❻ 왕복표로 주십시오.

❼ 다르항행 기차는 어느 플랫폼에서 출발합니까?

❽ 이 기차가 다르항행입니까?

❾ 어떤 열차를 타야합니까?

9. 교통수단

❶ Билет зардаг газар хаана байдаг вэ?
빌레뜨 자르뜨 가짜르 한: 바이뜨 웨?

❷ Галт тэрэгний цагийн хуваарийг үзүүлнэ үү.
갈트 테레끄니: 차깅: 호와:리:끄 우쭐르누:.

❸ Суудлаа урьдчилан захиалах хэрэгтэй юү?
소:들라: 오리뜨칠랑 자히알라흐 헤레끄테 유:?

❹ Шууд галт тэрэг байна уу?
쇼:뜨 갈트 테레끄 바이노:?

❺ Галт тэргээ сольж суух хэрэгтэй юү?
갈트 테르게: 서일지 소:흐 헤레끄테 유:?

❻ Очиж ирэх хоёр талын билет авъя.
어치지 이레흐 허여르 탈링: 빌레뜨 아위.

❼ Дархан луу явах галт тэрэг хэддүгээр тавцангаас хөдлөх вэ?
다르항 로: 야와흐 갈트 테레끄 헤뜨두게:르 타브창 가:스 허뜰러흐 웨?

❽ Энэ Дархан луу явах галт тэрэг мөн үү?
엔 다르항 로: 야와흐 갈트 테레끄 무누:?

❾ Аль галт тэрэгнд суух вэ?
아일 갈트 테르겐드 소:흐 웨?

❷ 철도의 이용! 2.

❿ 몇 번 플렛폼입니까?

⓫ 어디에서 갈아탑니까?

⓬ 침대칸이 있습니까?

⓭ 식당칸이 있습니까?

⓮ 기차에서 식사할 수 있습니까?

⓯ 이 열차는 다르항까지 직행합니까?

⓰ 이 열차는 다르항에 정차합니까?

⓱ 여기서 얼마나 정차합니까?

⓲ 다음 역은 어디입니까?

9. 교통수단

❿ Хэддүгээр тавцан вэ?
헤뜨두게:르 타브창 웨?

⓫ Хаана сольж суух вэ?
한: 서일지 소:흐 웨?

⓬ Унтлагын /купе/ галт тэрэг байна уу?
온틀라깅: /꾸페/ 갈트 테레끄바이노:?

⓭ Галт тэрэгний зоогийн газар байна уу?
갈트 테레끄니: 저:깅 가짜르 바이노:?

⓮ Галт тэрэгт хоол идэж болох уу?
갈트 테레끄트 헐: 이뜨지 벌호:?

⓯ Энэ галт тэрэг Дархан хүртэл шууд очих уу?
엔 갈트 테레끄 다르항 후르텔 쇼:뜨 어치호:?

⓰ Энэ галт тэрэг Дарханд зогсох уу?
엔 갈트 테레끄 다르항뜨 적스호:?

⓱ Энд хэр зэрэг зогсох вэ?
엔드 헤르 제레끄 적서흐 웨?

⓲ Дараагийн буудал /зогсоол/ хаана байдаг вэ?
다라:깅 보:달 /적설:/ 한: 바이뜩 웨?

❸ 버스의 이용! 1.

❶ 가장 가까운 버스정류장은 어디입니까?

❷ 헙스걸행 버스 정류장은 어디입니까?

❸ 매표소는 어디에 있습니까?

❹ 고비(거비)행 버스터미널은 어디입니까?

❺ 버스 시간표를 보고 싶습니다.

❻ 버스 안에서 차표를 살 수 있습니까?

❼ 에르데네트까지 표 두 장 주세요.

❽ 에르데네트행 버스는 언제 출발합니까?

9. 교통수단

❶ Эндээс хамгийн ойрхон автобусны буудал нь хаана байдаг вэ?
엔데:쓰 함깅 어이르헝 아브토보쓰니: 보:들은 한: 바이뜩 웨?

❷ Хөвсгөл руу явдаг автобусны буудал нь хаана байдаг вэ?
흡스걸 로:야브뜩 아브토보쓰니: 보:들은 한: 바이뜩 웨?

❸ Билет зардаг газар нь хаана байдаг вэ?
빌레트 자르뜩 가짜른 한: 바이득 웨?

❹ Говь луу явдаг тээврийн товчоо хаана байдаг вэ?
거비 로: 야브뜩 테:우링: 텁처: 한: 바이뜩 웨?

❺ Автобусны цагийн хуваарийг үзүүлнэ үү.
아우토보쓰니: 차깅: 호와:리:끄 우쭐르누:.

❻ Автобусны дотороос билет худалдаж авч болох уу?
아우토보쓰니: 더터러:쓰 빌레트 호달따지 벌호:?

❼ Эрдэнэт хүртэл хоёр билет авъя.
에르데네트 후르텔 허여르 빌레트 아위.

❽ Эрдэнэт луу явах автобус хэзээ хөдлөх вэ?
에르데네트 루: 야와흐 아브토보쓰 히쩨: 허뜰러흐 웨?

④ 버스의 이용! 2.

❾ 그곳에 도착하면 저에게 좀 알려주세요.

❿ 다음 버스는 몇 시입니까?

⓫ 10분마다 있습니다.

⓬ 몇 시간 걸립니까?

⓭ 어디에서 갈아타야 합니까?

⓮ 여기는 무슨 정류장입니까?

⓯ 여기가 제가 내려야할 맞나요?

⓰ 여기서 내려 주십시오.

⓱ 다음 정거장에서 내리겠습니다.

9. 교통수단

❾ Тэнд хүрвэл надад хэлж өгөөрэй.
텐뜨 후르웰 나다뜨 헬지 어거:래.

❿ Дараагийн автобус хэдэн цагт явах вэ?
다라:깅: 아브토보쓰 헤뎅 차끄트 야와흐 웨?

⓫ 10 минут тутам /минутын зайтайгаар/ явдаг юм.
아르왕 미노트 토틈 /미노팅: 자이태가:르/ 야브뜨 움.

⓬ Эндээс хэдэн цаг явах вэ?
엔데:쓰 헤뎅 차끄 야와흐 웨?

⓭ Хаана сольж суух хэрэгтэй вэ?
한: 서일지 소:흐 헤레끄테 웨?

⓮ Энэ ямар буудал /зогсоол/ вэ?
엔 야마르 보:달 /적설:/ 웨?

⓯ Энэ миний буух буудал мөн үү?
엔 미니: 보:흐 보:달 무누:?

⓰ Энд бууя.
엔뜨 보:이.(보야.)

⓱ Дараагийн буудал /зогсоол/ дээр бууя.
다라:깅: 보:달 /적설:/ 데:르 보:야.

❺ 선박의 이용!

❶ 배로 여행하고 싶습니다.

❷ 갑판좌석을 예약하고 싶습니다.

❸ 부산까지 가는 배는 어디서 탑니까?

❹ 배에 몇 시까지 승선해야 합니까?

❺ 이 배는 언제 출항합니까?

❻ 몇 시에 도착합니까?

❼ 의사를 좀 불러 주시겠습니까?

9. 교통수단

❶ Би усан онгоцоор аялмаар байна.
비 오승 엉거처:르 아일마:르 바인.

❷ Усан онгоцны тавцаны суудлыг захиалмаар байна.
오승 엉거츠니: 타브차니 소:들리:ㄲ 자히알마:르 바인.

❸ Бүсань хүртэл явах усан онгоц хаана суух вэ?
부산 후르텔 야와흐 오승 엉거츠 한: 소:흐 웨?

❹ Усан онгоцонд хэдий хүртэл суух хэрэгтэй вэ?
오승 엉거츤뜨 헤디 후르텔 소:흐 헤레ㄲ테 웨?

❺ Энэ усан онгоц хэзээ хөдлөх вэ?
엔 오승 엉거츠 히쩨: 허뜰러흐 웨?

❻ Хэдэн цагт хүрэх вэ?
헤뎅 차ㄲ트 후레흐 웨?

❼ Эмч дуудаж өгнө үү.
엠치 도:따지 어그누:.

⑥ 지하철의 이용!

❶ 이 근처에 지하철역이 있습니까?

❷ 가장 가까운 지하철역은 어디입니까?

❸ 어디에서 표를 삽니까?

❹ 지하철 노선표 한 장 주십시오.

❺ 강남으로 가는 것은 몇 호선인가요?

❻ 단국대학교는 몇 호선을 타야합니까?

❼ 표 한 장 주십시오.

❽ 어린이대공원은 어디에서 내려야합니까?

9. 교통수단

❶ Энэ хавьд метроны буудал байдаг уу?
엔 하비쁘 메트로니: 보:달 바이뜩 오:?

❷ Хамгийн ойрхон метроны буудал нь хаана байдаг вэ?
함깅 어이르헝 메트로니: 보:달 은 한: 바이뜩 웨?

❸ Метроны билет хаанаас авах вэ?
메트로니: 빌레트 하:나:스 아와흐 웨?

❹ Нэг метроны замын зураг өгнө үү.
네끄 메트로니: 자밍: 조라끄 어그누:.

❺ Ганднам луу явах метро нь хэддүгээр шуугам вэ?
강남 로: 야와흐 메트론 헤뜨두게:르 쇼:감 웨?

❻ Даньгүк их сургууль луу явья гэвэл хэддүгээр шуугамд суух хэрэгтэй вэ?
단국 이흐 소르골: 로: 야위 게웰 헤뜨두게:르 쇼:감 뜨 소:흐 헤레끄테 웨?

❼ Нэг билет авъя.
네끄 빌레트 아위.

❽ Орини даэгунгвонь–д явъя гэвэл хаана буух вэ?
어린이 대공원–뜨 야위 게웰 한: 보:흐 웨?

❼ 택시의 이용!

❶ 택시 승차장은 어디입니까?

❷ (메모를 보이면서) 이 주소로 가 주십시오.

❸ 시청으로 가주세요.

❹ 시청까지 요금이 얼마정도 듭니까?

❺ 거기까지 가는 데 얼마나 걸립니까?

❻ 빨리 갈 수 있습니까? 늦었는데요.

❼ 오른쪽으로 돌아주시겠습니까?

❽ 여기서 세워주세요.

❾ 요금은 얼마입니까?

9. 교통수단

① Таксины буудал /зогсоол/ хаана байна вэ?
탁씨니: 보:달 /적설:/ 한: 바인 웨?

② (Зурвас үзүүлэнгээ) Энэ хаягаар хүргээд өгөөрэй.
(조르와쓰 우쭐:릉게:) 엔 하이가:르 후르게:드 어거레.

③ Хотын захиргаа руу явъя.
허팅: 자히르가: 로: 야위.

④ Хотын захиргаа хүртэл үнэ нь хэр зэрэг гарах бол?
허팅: 자히르가: 후르텔 운은 헤르 제레끄 가라흐 벌?

⑤ Тийм газар хүртэл цаг нь хэр зэрэг орох вэ?
팀 가짜르 후르텔 차근 헤르 제레끄 어러흐 웨?

⑥ Жаахан хурдан явж болох уу? Би хоцорлоо.
자:항 호르탕 야브지 벌호:? 비 허처를러:.

⑦ Баруун гар тийшээ яваарай.
바롱: 가르 티:셰: 야와:래.

⑧ Энд бууя.
엔드 보:야.

⑨ Ямар үнэтэй (вэ)? /Хэд вэ?/
야마르 운테 (웨)? /헤뜨 웨?/

❽ 렌터카의 이용!

❶ 렌터카는 어디에서 빌립니까?

❷ 차를 빌리고 싶습니다.

❸ 어떤 차종이 있습니까?

❹ 이 차를 하루만 빌리고 싶습니다.

❺ 요금표를 보여 주십시오.

❻ 얼마입니까?

❼ 보험에 들고 싶습니다.

❽ 보증금은 얼마입니까?

❾ 차를 반납하고 싶습니다.

9. 교통수단

❶ Хөлслөх машин хаанаас авч болох вэ?
헐쓸러흐 마신 하:나:쓰 아브치 벌러흐 웨?

❷ Би машин хөлсөлмөөр байна.
비 마신 헐쓸머:르 바인.

❸ Ямар төрөл зүйлийн машинууд байдаг вэ?
야마르 터럴 주일링 마시오:뜨 바이뜩 웨?

❹ Энэ машинаа өдрөөр л хөлсөлмөөр байна.
엔 마시아: 어드러:를 헐쓸머:르 바인.

❺ Төлбөрийн жагсаалтаа үзүүлнэ үү.
털버링: 작살:타: 우쭐:르누:.

❻ Ямар үнэтэй (вэ) ?
야마르 운테 (웨)?

❼ Би даатгуулмаар байна.
비 다:트골:마:르 바인.

❽ Баталгааны мөнгө хэдийг өгөх вэ?
바틀가:니: 멍그 헤디:끄 어거흐 웨?

❾ Машинаа буцаамаар байна.
마시아: 보차:마:르 바인.

❾ 주유소의 이용!

❶ 주유소는 어디 있습니까?

❷ 기름을 가득 채워 주십시오.

❸ 고급으로 넣어 주세요.

❹ 3만 터그럭 어치를 넣어주세요.

❺ 엔진오일을 점검해 주십시오.

❻ 기름을 채워 주시고 엔진오일을 점검해 주세요.

❼ 알콜로 채워주세요.

❽ 보통 휘발유로 3만 터그럭 어치 넣어주세요.

9. 교통수단

❶ Бензиний газар /бензин колонк, шатахуун түгээврийн газар/ хаа байна вэ?
벤지니: 가짜르 /벤진 콜롱크, 샤타홍: 투게:웨링 가짜르/ 하: 바인 웨?

❷ Бензиний савыг дүүргэж өгнө үү.
벤지니: 사우이:ㄲ 두:르게지 어그누:.

❸ Дээд зэргийн юмаар хийж өгөөч.
데:드 제르깅: 윰아:르 히:지어거:치.

❹ 30.000 төгрөгийн бензин хийж өгөөч.
고칭 먈강 터그럭잉: 벤진 히:지 어거:치.

❺ Моторын тос шалгаж үзнэ үү.
모터링: 터쓰 샬가지 우쯔누:.

❻ Бензин дүүргэж өгөөд моторын тос шалгаж өгөөрэй.
벤진 두:르게지 어거:뜨 모터링: 터쓰 샬가지 어거:레.

❼ Спиртээр дүүргэж өгнө үү.
스피르테:르 두:르게지 어그누:.

❽ Энгийн бензинээр 30.000 төгрөгийн юм хийж өгнө үү.
엥깅 벤진에:르 고칭 먈강 터그럭잉: 윰 히지 어그누:.

교통수단 관련 단어!

○ 철도여행 관련 단어표현

기차역	галт тэрэгний буудал
	갈트 테레끄니: 보:들
열차	галт тэрэг 갈트 테레끄
매표소	билет зардаг газар 빌레트 자르딱 가짜르
시간표	цагийн хуваарь 차깅: 호위아:르
편도기차표	галт тэрэгний нэг талын билет
	갈트 테레끄니: 네끄 탈링: 빌레트
왕복기차표	галт тэрэгний хоёр талын билет
	갈트 테레끄니: 허여르 탈링: 빌레트
1등석	нэгдүгээр зэргийн суудал
	네끄두게:르 제르깅: 소:들
2등석	хоёрдугаар зэргийн суудал
	허여르도가:르 제르깅: 소:들
침대차	унтлагын галт тэрэг /купе/
	온틀라깅: 갈트 테레끄 /쿠페/
식당차	галт тэрэгний зоогийн газар /вагон-сторан/
	갈트 테레끄니: 저:깅 가짜르 /와곤-레스토
윗칸 침대	дээд талын ор 데:드 탈링: 어르
아랫칸 침대	доод талын ор 더:드 탈링 어르
좌석	суудал 소:달
급행열차	хурдан /буухиа/ галт тэрэг
	호르등 /보:히아/ 갈트 테레끄
개찰구	тасалбар шалгах газар
	타쌀바르 샬가흐 가짜르
플랫폼	тавцан 타브창

9. 교통수단

◯ 버스여행 관련 단어표현

고속버스터미널	хурдан /буухиа/
	автобусны буудал
	호르등 /보:히아/
	아브토보쓰니 보:달
버스터미널	автобусны буудал /
	아브토보쓰니 보:달/
	тээврийн товчоо/
	테:우링: 터브처:/
버스정류장	автобусны зогсоол
	아브토보쓰니 적설:
시외버스터미널	хот хоорондын
	автобусны буудал
	허트 허:런딩: 아브토보쓰니: 보:달
버스	автобус 아브토보쓰
시내버스	хотын автобус
	허팅: 아브토보쓰
관광버스	аялалын автобус
	아이를링: 아브토보쓰
장거리버스	холын зайн автобус
	헐링: 자인 아브토보쓰
직행버스	шууд автобус
	쇼:뜨 아브토보쓰
일시정지	түр зогсох
	투르 적써흐

빠르게 찾고 쉽게 말하는 여행회화! 여러분의 여행을 보다 즐겁고 편안하게 만들어 드립니다!!

교통수단 관련 단어!

● 선박여행 관련 단어표현

항구	боомт 범:트
여객선	зорчигч тээврийн усан онгоц 저르치끄치 테:우링 오승 엉거츠
부두	боомт /усан онгоцны зогсоол/ 범:트 /오승 엉거츠니 적설:/
승선권	усан онгоцонд суух билет 오승 엉거츤뜨 소:흐 빌레트.
선실	усан онгоцны өрөө 오승 엉거츠니: 어러:
욕실	бие угаах өрөө 비예 오가:흐 어러:
의무실	эмчилгээний өрөө 엠칠게:니: 어러:
구명부낭	аврах тор 아우라흐 터르
구명동의	аврах хантааз 아우라흐 한타:즈
구명보트	аврах завь 아우라흐 자비

● 지하철 관련 단어표현

매표구	билет зардаг газар 빌레트 자르뜩 가짜르

9. 교통수단

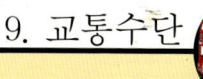

입구	орц 어르츠
출구	гарц 가르츠
플랫폼	тавцан 타브창
환승	сольж суух 서일지 소:흐

● 택시 관련 단어표현

택시승차장	таксны зогсоол 탁씨니: 적설:
택시	такси 탁씨
택시기사	таксины жолооч 탁씨니: 절러:치
기본요금	суурь мөнгө /үндсэн төлбөр/ 소:리 멍그 /운드승 털버르/
할증요금	гувчуурт мөнгө /нэмэгдэлт төлбөр/ 고브초:르트 멍그 /네메끄델트 털버르/
택시요금	таксины мөнгө 탁씨니: 멍그
미터계	таксины тоолуур 탁시니: 털:로:르
거스름돈	хариулт мөнгө 하리올트 멍그

교통수단 관련 단어!

● 렌터카 관련 단어표현

보증금	баталгааны мөнгө 바탈가:니: 멍그
임대료	түрээсийн төлбөр 투레:씽: 털버르
자동차사고보험	автомашины даатгал 아브토마신이: 다:트갈
국제면허증	олон улсын жолооны үнэмлэх 얼렁 올쓰잉: 절러:니: 우넴레흐
운전면허증	жолооны үнэмлэх 절러:니:우넴레흐
계약서	гэрээ бичиг 게레: 비치끄
주유소	бензиний газар /бензин колонк, шатахуун түгээврийн газар/ 벤지니: 가짜르 /벤진 콜롱크, 샤타훙: 투게:우링: 가짜르/
가득 채우다	дүүргэх 두:르게흐
도로지도	замын газрын зураг 잠잉: 가쯔링:조라끄
도로	зам 잠
고속도로	хурдны автозам /түргэн зам/ 호르뜨니: 아브토 잠 /투르겡 잠/
지방도로(국도)	орон нутгийн зам (төв зам) 어렁 노트깅: 잠 (터우 잠)
교차점	огтлолцох цэг 어그트럴처흐 체끄
주차장	машины зогсоол 마신이: 적설:
일방통행	нэг урсгалтай зам 네끄 오르쓰갈태 잠
양방통행	хоёр урсгалтай зам 허여르 오르쓰갈태 잠

10. 관광하기!

❶ 관광 상식

관광은 개별적으로 지도를 가지고 자유롭게 찾아 다니는 방법과 단체로 정해진 스케줄에 의해 이동을 하는 방법, 간편하게 차내에서 시내를 한바퀴 둘러보는 시티투어 관광법이 있습니다. 시간을 얼마나 할애할 것인가, 여유시간은 얼마나 있느냐에 따라 자신에게 맞는 방법을 정하면 됩니다.

효과적인 관광을 위해서 전날 밤에는 꼼꼼하게 시간계획을 세우고 교통편을 메모해두도록 합니다. 이를 위해 시내지도와 버스 노선표는 필수적으로 준비하도록 합니다. 잔돈도 충분히 준비하며, 카메라와 필름도 준비합니다.

빠르게 찾고 쉽게 말하는 여행회화! 여러분의 여행을 보다 즐겁고 편안하게 만들어 드립니다!!

관광 정보 및 상식! 1.

관광지도를 이용해 목적지를 찾아가는 방법과 병행해서 상점이나 현지 행인들에게 위치를 물어 보는 것도 좋습니다. 귀중품은 가급적 호텔에 보관시키고, 무거운 짐은 객실에 놔두고 가는 것이 좋으며, 간편한 차림과 간식거리를 챙겨서 나가는 것이 좋습니다. (물, 음료수, 초콜릿, 쿠키 등) 갑작스러운 일기의 변화에 대비해서 우산이나 우비도 작은 가방 안에 넣어 가지고 다니는 것이 좋습니다.

❷ 사진촬영 상식

여행지의 생생한 기록은 사진입니다. 요즘은 디지털카메라와 핸디캠의 보급으로 많은 이들의 기록 수단이 되고 있습니다. 주의하실 점은 충전식의 경우 베터리의 재충전을 위해 해당국의 전압과 콘센트 상태를 미리 체크하고 준비하여야 합니다. 참고로 몽골은 220V/50Hz를 사용하는데 전압차가 심하여 기기의 사용시 주의를 요합니다.

최근 여행자들이 사용하는 방법중에 또 하나는 디지털카메라로 찍은 현장사진을 이메일로 한국으로 보내거나, 웹하드에 저장하는 방법이 있습니다. 인터넷카페를 이용해 현장 사진을 고국으로 전하는 방법도 유용할 것입니다.

사진촬영에 있어 유의해야 할 점은 미술관, 박물관 그리고 사원 등에서는 사진촬영이 금지되어 있으며, 군사시설이나 사건현장에서 직무중인 경찰의 모습도 촬영해서는 안 된다는 것입니다. 그리고 관광지역 이외에서의 시설물이나 매장의 촬영은 제재를 받을 수도 있습니다.
개인을 찍을 때에도 반드시 촬영 전에 양해를 구하도록 합니다.

10. 관광하기!

❸ 주요 관광 정보!

낮동안의 도시관광과 함께 추천할 만한 볼거리로는 다양한 연예, 스포츠 등이 있을 수 있습니다. 연예(**entertainment**) 프로그램들은 하루의 피로를 풀어줌과 동시에 그 나라의 문화를 접할 수 있어 특히 권할 만한 문화적 여흥거리입니다. 대표적인 공연예술들로는 뮤지컬, 오페라, 콘서트, 발레, 쇼, 연극, 영화를 들 수 있으며, 축제나 거리공연 등도 꼭 보셔야 할 부분입니다.

관람은 먼저 티켓예약부터 시작합니다. 공연작품들에 대한 프로그램을 먼저 체크하고 시즌티켓이나 할인티켓을 찾도록 합니다. 티켓정보는 호텔이나 관광안내소에 알아보시면 되고, 신문이나 공연예술 소식지, 관광정보지(**tourist guide book**)를 통해서도 알아볼 수 있습니다.

예약 및 예매는 호텔 프론트데스크나 백화점에서 할 수 있으며, 그밖에 티켓에이전트(**ticket agent**), 티켓트론(**ticketron**), 티켓브로커를 통해서도 살 수 있습니다.

❹ 관광시 유의사항

몽골 여행시에는 무엇보다도 기후의 변화가 심하므로 여름철에도 따뜻한 옷을 반드시 준비해 가도록 하며, 특히 겨울철에는 혹독한 추위로 인해 자동차 고장이 빈번하고 고장시에는 도움을 청하기가 마땅치 않으므로 겨울철 지방여행은 가급적이면 삼가하는 것이 좋습니다.

빠르게 찾고 쉽게 말하는 여행회화! 여러분의 여행을 보다 즐겁고 편안하게 만들어 드립니다!!

관광 정보 및 상식! 2.

그리고 몽골인들은 양고기를 중심으로 하는 육류식단이 대부분이므로 개인에 따라 음식을 준비해가는 것이 바람직하며 지방 여행시에는 긴급 의료지원이 거의 불가능하므로 상비약을 반드시 준비하도록 합니다. 또한 사냥이나 낚시, 버섯채취, 모닥불 사용 등도 해당 지역 당국의 사전 허가가 필요하므로 유념하시고 박물관에서도 유료 사진촬영만이 가능하다는 점을 기억하시길 바랍니다.

❺ 몽골의 관광명소!

● 울란바타르

현 몽골의 수도로서 전체 인구의 약 1/2이 거주하는 곳입니다. 울란바타르는 항공과 철도, 버스 등 교통의 중심지이며 문화, 예술, 학문의 중심지이기도 합니다. 이곳의 관광지로는 자연사박물관, 복드왕궁전박물관, 미술박물관, 간단사원, 자이승승전탑 등이 있으며 세계적으로 유명한 국립서커스 곡예공연을 이곳에서 관람하실 수 있습니다.

● 자연사박물관

몽골의 동물, 식물, 광물 등 약 2만 점이 전시되어 있으며 특히, 거대한 공룡의 전신뼈 화석과 공룡알 화석이 있는 고생 박물관은 매우 흥미롭습니다.

● 역사박물관

1998년에 새로 개관한 현대식 박물관으로서 징기스칸과 최근까지의 몽골의 역사를 한눈에 볼 수 있도록 되어 있습니다.

10. 관광하기!

● **복드왕궁전박물관**

혁명 전 제8대 마지막 몽골왕의 겨울궁전으로서 2층짜리 목조건물입니다. 왕의 생활용품이 전시되어 있으며 라마불교의 부처상이 있습니다.

● **간단사원**

1840년에 건립된 몽골의 가장 중요한 사원입니다. 아시아불교의 중심지로서 수십 개의 부속 건물을 가지고 있었으나 1930년대에 심하게 훼손되어 지금은 1990년대에 국민들의 기부금으로 재건립된 상태입니다. 현재 약 150명의 스님과 승가학교가 있으며 중요한 종교의식과 축제의 장소로서 이용됩니다.

● **테렐지**

울란바타르에서 2시간 거리인 테렐지는 몽골에서 가장 사람들이 많이 찾는 관광지로서 1993년에 국립공원으로 지정되었습니다. 다양한 야생동물과 야생화, 그리고 환상적인 바위산의 전경 등을 감상할 수 있는 곳으로서 겔에서 머물면서 승마, 하이킹, 레프팅 등을 즐길 수 있습니다.

● **고비사막**

울란바타르에서 비행기로 1시간 30분 떨어진 이곳은 몽골 영토의 30%를 차지하고 있습니다. 고비 사막하면 모래사막을 떠올리게 되는데 실제로 모래사막은 전체 면적의 3%에 불과하고 나머지 대부분은 초원지대로서 야생동물과 채소가 풍부한 낙타 사육지입니다. 또한 야생 당나귀, 양, 가젤, 설표 같은 희귀동물이 살고 있고 공룡 화석과 석회화 된 공룡알들이 보존되어 있어서 생태보호지역으로 지정되어 있습니다.

빠르게 찾고 쉽게 말하는 여행회화! 여러분의 여행을 보다 즐겁고 편안하게 만들어 드립니다!!

① 관광 시작하기!

❶ 관광안내소는 어디 있습니까?

❷ 여행안내서를 얻을 수 있습니까?

❸ 흥미로운 몇 곳을 말씀해 주시겠습니까?

❹ 시내지도 있습니까?

❺ 어디에서 출발합니까?

❻ 한 사람에 얼마입니까?

❼ 하루에 얼마입니까?

❽ 관광하는 곳을 말해 주시겠어요?

❾ 유람선 타는 곳은 어디입니까?

10. 관광하기!

❶ Жуулчны лавлах товчоо хаана байдаг вэ?
졸:치니: 라블라흐 텁처: 한: 바이득 웨?

❷ Жуулчны гарын авлага байна уу?
졸:치니: 가링: 아블락끄 바이노:.

❸ Сонирхолтой сайхан хэдэн газрыг хэлж өгнө үү.
서니르헐태 사이항 헤뎅 가쯔리:끄 헬지 어그누:.

❹ Хотын газрын зураг бий юү.
허팅: 가쯔링: 조라끄 비: 유:.

❺ Хаанаас хөдлөх вэ?
하:나:쓰 허뜰러흐 웨?

❻ Нэг хүн ямар үнэтэй вэ?
네끄 훙 야마르 운테 웨?

❼ Нэг хоногт ямар үнэтэй вэ?
네끄 허너끄트 야마르 운테 웨?

❽ Аялаллах газрыг хэлж өгнө үү.
아이랄라흐 가쯔리:끄 헬지 어그누:.

❾ Аялалын усан онгоцонд суух газар нь хаана байдаг вэ?
아이를링: 오승 엉거쯘뜨 소:흐 가짜른 한: 바이득 웨?

❷ 길 물어보기! 1.

❶ 실례합니다. 길을 잃었습니다.

❷ 여기가 어디입니까?

❸ 여기가 무슨 거리입니까?

❹ 어느 쪽이 북쪽입니까?

❺ 지도상으로 제가 어디에 있는 건가요?

❻ 지하철역에는 어떻게 가야 하나요?

❼ 한국대사관이 어디 있는지 아십니까?

❽ 그곳까지 걸어갈 수 있나요?

❾ 가장 가까운 화장실은 어디에 있습니까?

10. 관광하기!

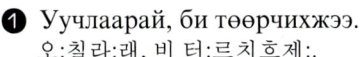

❶ Уучлаарай, би төөрчихжээ.
  오:칠라:래, 비 터:르치흐제:.

❷ Энэ ямар газар вэ?
  엔 야마르 가짜르 웨?

❸ Энэ юу гэж нэрлэдэг гудамж вэ?
  엔 유오 게지 네를득 고담지 웨?

❹ Аль зүг нь хойд зүг вэ?
  아일 주근 허이뜨 주끄 웨?

❺ Энэ газрын зураг дээр үзэхэд би хаана байна вэ?
  엔 가쯔링: 조라끄 데:르 우쩨헤뜨 비 한: 바인 웨?

❻ Метроны буудалд яаж очих вэ?
  메트로니: 보:달뜨 야:지 어치흐 웨?

❼ Солонгосын элчин сайдын яам хаана байдгыг та мэдэх үү?
  설렁거쓰잉: 엘친 사이딩: 얌: 한 바이뜩이:끄 타 미드후:?

❽ Тэр газар хүртэл явган явж болох уу?
  테르 가짜르 후르텔 야브강 야브지 벌호:?

❾ Эндээс хамгийн ойрхон бие засах газар нь хаана байна вэ?
  엔데:쓰 함깅: 어이르헝 비예 자싸흐 가짜른 한: 바인 웨?

빠르게 찾고 쉽게 말하는 여행회화! 여러분의 여행을 보다 즐겁고 편안하게 만들어 드립니다!!

❸ 길 물어보기! 2.

❿ 여기서 얼마나 멉니까?

⓫ 얼마나 걸릴까요?

⓬ 바양걸 호텔은 여기서 멉니까?

⓭ 어떻게 가야 합니까?

⓮ 저는 이곳을 잘 모릅니다.

⓯ 가는 길을 여기에 약도로 그려 주십시오.

⓰ 그곳은 버스로 갈 수 있습니까?

⓱ 지금 제가 있는 곳을 지도에 표시해 주세요.

⓲ 감사합니다. 그쪽으로 가보겠습니다.

10. 관광하기!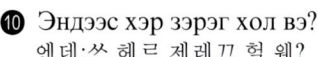

❿ Эндээс хэр зэрэг хол вэ?
엔데:쓰 헤르 제레그 헐 웨?

⓫ Хир хугацаа орох бол ?
히르 호가차: 어러흐 벌?

⓬ Баянгол зочид буудал эндээс хол уу?
바양걸 저치드 보:달 엔데:쓰 헐로:?

⓭ Яаж очих вэ?
야:지 어치흐 웨?

⓮ Би энэ газрыг сайн мэдэхгүй.
비 엔 가쯔리:끄 사인 미트꾸이.

⓯ Явах замыг энд зураад өгөөч.
야와흐 잠이:끄 엔드 조라:뜨 어거:치.

⓰ Тэр газар хүртэл автобусаар явж чадах уу?
테르 가짜르 후르텔 아브토보싸:르 야브지 차드흐:?

⓱ Миний хаана байгааг энэ газрын зураг дээр зурч өгнө үү.
미니: 한 바이가:끄 엔 가쯔링:조라끄 데:르 조르치 어그누:.

⓲ Баярлалаа. Тэр газар луу явж үзье.
바이를라:. 테르 가짜르 로: 야브지 우쯔예.

④ 기념사진 찍기!

❶ 사진 좀 찍어주시겠어요?

❷ 이 버튼을 누르시기만 하면 돼요.

❸ 준비됐습니다. 그럼 찍으세요.

❹ 그럼 찍습니다.

❺ 한 장 더 부탁합니다.

❻ 여기서 사진을 찍어도 됩니까?

❼ 저와 함께 사진을 찍을 수 있을까요?

10. 관광하기!

❶ Та зураг авч өгч болох уу?
타 조라끄 아브치 어그치 벌호?

❷ Зөвхөн энэ товчийг дарч өгч болно.
저우헝 엔 터브치:끄 다르치 어그치 벌른.

❸ Бэлэн боллоо. За дараарай.
벨렝 벌를러:. 자 다라:래.

❹ За дарлаа шүү.
자 다를라: 슈:.

❺ Дахиад нэг дарч өгөөрэй.
다히아뜨 네끄 다르치 어거:레.

❻ Энд зураг авч болох уу?
엔드 조라끄 아브치 벌호:?

❼ Надтай хамт зураг авахуулж болох уу?
나뜨테 함트 조라끄 압홀:지 벌호:?

관광 관련 단어! 1.

● 관광 관련 단어표현

관광	аялал	아일랄
명소	нэртэй газар	네르테 가짜르
박람회	үзэсгэлэн	우쩨쓰겔렝
박물관	музей	무제이
화랑	уран зургын галерей	오랑 조르깅: 갈레리
수족관	аквариум	아크와리움
동물원	амьтны хүрээлэн	아임트니: 후렐:렝
식물원	ургамалын хүрээлэн	오르가말링: 후렐:렝
교외	хотын зах	허팅: 자흐
시내중심	хотын төв	허팅: 터우
공원	парк	파르크
놀이공원	тоглоомын парк	터글럼:잉: 파르크
축제	баяр наадам	바이르 나:담
특별행사	тусгай ёслолын ажиллага	토쓰가이 여쓰럴링: 아질락끄
행사	ёслолын ажиллага	여쓰럴링: 아질락끄
연중행사	жилийн ёслолын ажиллага	질링: 여쓰럴링: 아질락끄

10. 관광하기!

○ 사진 관련 단어표현

현상	хальс угаах	
	하일쓰 오가:흐	
인화	зураг угаах	
	조라그 오가:흐	
컬러필름	өнгөт хальс	
	엉거트 하일쓰	
슬라이드필름	слайдын хальс	
	슬라이딩: 하일쓰	
흑백필름	хар цагаан хальс	
	하르 차강: 하일쓰	
건전지	зай 자이	
확대	томруулах 터므롤:라흐	
네거티브필름	negative хальс	
	네가티브 하일쓰	

○ 시내관광 관련 단어표현

이쪽	Энэ тал 엔 탈
저쪽	Тэр тал 테르 탈
앞	урд тал /өмнө/ 오르뜨 탈 /어믄/
뒤	ар тал /хойно/ 아르 탈 /허인/
옆	хажуу тал 하조: 탈
반대편	эсрэг тал 에쓰레그 탈

관광 관련 단어! 2.

오른쪽	баруун тал 바롱: 탈
오른쪽으로	баруун гар тийшээ 바롱: 가르 티:셰:
왼쪽	зүүн тал 중: 탈
왼쪽으로	зүүн гар тийшээ 중: 가르 티:셰:
곧장	чигээрээ 치게:레:
도로	зам 잠
보도	явган хүний зам 야브강 후니: 잠
횡단보도	гарц /явган гарц/ 가르츠 /야브강 가르츠/
사거리	дөрвөн зам 더르웡 잠
구획	хил хязгаар тогтоох 힐 햐쯔가:르 터끄터:흐
차선	авто хөсөг 아브토 허써끄
버스정류장	автобусны зогсоол 아브토보쓰니:적썰:
지하철역	метроны буудал 메트로니: 보:들
기차역	галт тэрэгний буудал 갈트 테레끄니 보:들
시장	зах 자흐
상가	худалдааны гудамж 호달따:니: 고담지
광장	талбай 탈바이
공원	парк 파르크
시내중심가	хотын төв 허틴: 터우

232

10. 관광하기!

◐ 거리의 경고 표시들!

주의!	анхаар!	앙하:르!
위험!	аюултай!	아유올태!
경고!	санамж!	사남지!
안내	зарлал	자르랄
계단이용!	шатаар яв!	샤타:르 야우!
고장	ажилгүй!	아질구이!
출입금지	нэвтрэхийг хориглоно!	네브트레히:끄 허리글른!
통행금지	явж болохгүй!	야브지 벌러흐꾸이!
영업중	нээлттэй	넬:트테
폐점	хаалттай	할:트태
미시오!	түлх!	툴흐!
당기시오!	тат!	타트!
입구	орц	어르츠
출구	гарц	가르츠
비상구	нөөц хаалга	너:츠 할:락끄
화장실	бие засах газар	비예 자싸흐 가짜르
남자화장실	эрэгтэйгийн бие засах газар	에레끄테깅: 비예 자싸흐 가짜르
여자화장실	эмэгтэйгийн бие засах газар	에메끄테깅: 비예 자싸흐 가짜르

❺ 공연의 관람! 1.

❶ 몇 시 상영표가 있습니까?

❷ 입장료는 얼마입니까?

❸ 이 영화가 정말 보고 싶었어요.

❹ 어른 2장 주세요.

❺ 가장 싼 좌석으로 2장 주십시오.

❻ 아직 좌석이 있습니까?

❼ 영화관은 어디에 있습니까?

❽ 오페라를 보고 싶습니다.

❾ 오페라는 어디서 관람할 수 있습니까?

10. 관광하기!

❶ Хэдэн цагийн билет байна вэ?
헤뎅 차깅: 빌레트 바인 웨?

❷ Билет ямар үнэтэй вэ?
빌레트 야마르 운테 웨?

❸ Энэ кино үнэхээр үзмээр байсан юм.
엔 키노 우네헤:르 우쯔메:르 바이쓰임 윰.

❹ Хоёр том хүний билет авъя.
허여르 텀 후니: 빌레트 아위야.

❺ Хамгийн хямдхан суудлын хоёр билет авъя.
함깅 히암뜨항 소:들링: 허여르 빌레트 아위.

❻ Одоо ч суудал байна уу?
어떠: 치 소:들 바이노:?

❼ Кино театр нь хаана байдаг вэ?
키노 테아트른 한: 바이득 웨?

❽ Дуурь үзмээр байна.
도:리 우쯔메:르 바인.

❾ Дуурь хаана үзэж болох вэ?
도:리 한: 우쩨지 벌러흐 웨?

❻ 공연의 관람! 2.

❿ 지금은 어떤 영화가 상영되고 있습니까?

⓫ 지금 유명한 연극은 무엇입니까?

⓬ 주인공은 누구 누구입니까?

⓭ 공연 날짜는 언제인가요?

⓮ 입구는 어디입니까?

⓯ 공연은 몇 시에 시작합니까?

⓰ 몇 시에 끝납니까?

⓱ 여기 자리 있습니까?

⓲ 그 영화는 자막이 나옵니까?

10. 관광하기!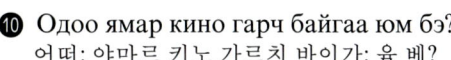

❿ Одоо ямар кино гарч байгаа юм бэ?
어떠: 야마르 키노 가르치 바이가: 음 베?

⓫ Одоо нэр хүндтэй жүжиг нь юу вэ?
어떠: 네르 훈드테 주지끄 은 유오 웨?

⓬ Гол дүр нь хэн хэн байгаа вэ?
걸 두른 헹 헴 바이가: 웨?

⓭ Тоглох өдөр нь хэзээ болох вэ?
터글러흐 어더른 히쩨: 벌러흐 웨?

⓮ Орц хаана байна вэ?
어르츠 한: 바인 웨?

⓯ Тоглолт хэдэн цагт эхлэх вэ?
터글럴트 헤뎅 차끄트 에흘레흐 웨?

⓰ Хэдэн цагт дуусах вэ?
헤뎅 차끄트 도:싸흐 웨?

⓱ Энд хүнтэй юү?
엔뜨 훙테 유:?

⓲ Тэр кино хадмал орчуулгатой юу?
테르 키노 하뜨말 어르촐락끄테 유오?

❼ 나이트 클럽!

❶ 댄스클럽에 가고 싶습니다.

❷ 근처에 디스코텍이 있습니까?

❸ 몇 시에 오픈합니까?

❹ 입장료는 얼마입니까?

❺ 입장료에 음료수 값이 포함된 것입니까?

❻ 음료수 값은 별도입니다.

❼ 저와 춤추시겠습니까?

10. 관광하기!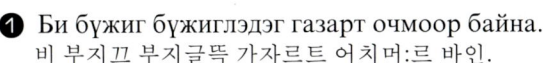

❶ Би бүжиг бүжиглэдэг газарт очмоор байна.
비 부지끄 부지글뜩 가자르트 어치머:르 바인.

❷ Энэ хавьд диско клуб байдаг уу?
엔 하비뜨 디스코 클룹 바이뜨오:?

❸ Хэдэн цагаас онгойх вэ?
헤뎅 차가:쓰 엉거이흐 웨?

❹ Орох үнэ нь хэд вэ?
어러흐 운 은 헤뜨 웨?

❺ Орох үнэд ундааны үнэ ч орсон уу?
어러흐 운뜨 온다:니: 운 치 어르쓰노:?

❻ Ундааны үнэ бол тустай.
온다:니: 운 벌 토쓰태.

❼ Та надтай бүжиглэх үү?
타 나뜨태 부지글레후:?

⑧ 스포츠 즐기기!

❶ 어떤 운동을 좋아하십니까?

❷ 야구를 제일 좋아합니다.

❸ 저는 수영을 좋아합니다.

❹ 내 취미는 축구를 하는 것입니다.

❺ 축구 시합을 보고 싶습니다.

❻ 어느 팀들이 시합을 벌이고 있나요?

❼ 낚시하러 가고 싶습니다.

❽ 골프를 치고 싶습니다.

❾ 좋아하는 선수는 누구입니까?

10. 관광하기!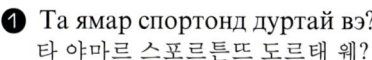

❶ Та ямар спортонд дуртай вэ?
타 야마르 스포르튼드 도르태 웨?

❷ Бэйсболд хамгийн дуртай.
베이쓰볼뜨 함깅: 도르테.

❸ Би сэлэлтэд дуртай.
비 셀렐트뜨 도르태.

❹ Миний сонирхол /хобби/ бол хөл бөмбөг тоглох юм.
미니: 서니르헐 /헙비/ 벌 헐 범버끄 터글러흐 융.

❺ Хөл бөмбөгийн тэмцээн үзмээр байна.
헐 범버깅: 템쳉: 우쯔메:르 바인.

❻ Ямар багууд тэмцэнд оролцож байгаа юм бэ?
야마르 바고:뜨 템쳉뜨 어럴처지 바이가: 음 베?

❼ Би загас барихаар явмаар байна.
비 자가쓰 바리하:르 야우마:르 바인.

❽ Би гольф тоголмоор байна.
비 골프 터글머:르 바인.

❾ Таны дуртай тамирчин нь хэн бэ?
타니: 도르태 타미르칭 은 헴베?

✚ 오락 관련 단어! 1.

◐ 공연예술 관련 단어표현

음악회	дуу хөгжмийн тоглолт 도: 허그짐잉: 터글럴트
쇼	шоу 쇼우
연극	жүжиг 주지끄
뮤지컬	дуутай жүжиг 도:태 주지끄
오페라	дуурь 도:리
발레	балет 발레트
영화	кино 키노
영화관	кино театр 키노 테아트르
극장	жүжигийн театр 주지깅: 테아트르
댄스홀	бүжигийн талбай 부지깅: 탈바이

◐ 공연예매 관련 단어표현

매표소	билет зардаг газар 빌레트 자르뜩 가짜르
예매권	урьдчилан зарах билет 오리뜨칠랑 자라흐 빌레트
어른	том хүн 텀 훙

10. 관광하기!

어린이	бага хүүхэд
	박끄 후:흐뜨
학생	оюутан
	어유오탕
예약석	захиалгат суудал
	자히알가트 소:들
자유석	чөлөөт суудал
	철러:트 소:들
특별석	тусгай /онцгой/ суудал
	토쓰가이 /언츠거이/ 소:들
공연	хамт тоглох
	함트 터글러호
리허설	давтлага /сургуулилт/
	다브틀락끄 /소르골:릴트/
공연(상연)	тоглолт 터글럴트
휴식시간	завсарлагын цаг
	잡사를라깅: 차끄

◐ 스포츠 관련 단어표현

축구	хөл бөмбөг 헐 범버끄
야구	бэйсбол 베이쓰볼
수영	сэлэлт 셀렐트
수영장	усан бассейн 오승 바쎄인
골프	гольф 골프

빠르게 찾고 쉽게 말하는 여행회화! 여러분의 여행을 보다 즐겁고 편안하게 만들어 드립니다!!

오락 관련 단어! 2.

골프장	гольфийн талбай
	골핑: 탈바이
테니스	газрын теннис
	가쯔링: 테니쓰
테니스코트	теннисийн талбай
	테니씽: 탈바이
캠핑(야영)	хээр байрлах
	헤:르 바이를라흐
등산	ууланд гарах
	올:란뜨 가라흐
캠프장(야영)	хээр байрлах талбай
	헤:르 바이를라흐 탈바이
낚시	загас барих
	자가쓰 바리흐
보트	завь 자비
수상스키	усны цана
	오쓰니: 찬
카누	ухмал завь
	오흐말 자비
자전거	дугуй
	도고이
조정경기	завины уралдаан
	자비니 오랄땅
스키	цана 찬
야외스포츠	гадаа тоглох спорт
	가따 터글러흐 스포르트
사이클링	дугуй
	도고이

11. 사고상황의 대처

 ❶ 문제상황의 발생!

해외여행 중에 예기치 않은 사고나 돌발사태가 있을 수 있습니다. 중요한 것은 당황하지 말고 침착하게 대처하는 것입니다. 언어가 제대로 소통되지 않는 상황에서 흥분하고 큰소리로 사정을 외쳐도 도움을 구하긴 결코 쉽지 않습니다. 만약 신변의 위험을 느끼는 상황이라면 주저하지 말고 곧바로 가까운 경찰관이나 경찰서, 대사관 등을 찾으시고, 물건을 도난당하거나 분실했을 때, 또 다쳤을 때는 긴급구조나 경찰서에 즉시 연락을 취하십시오. 특히 보관, 관리에 신경써야 할 것은 여권인데 경비와 별도로 깊은 곳에 잘 보관해야 하겠습니다.

분실, 도난, 사고?

❷ 분실 도난사고시!

ⓐ 여권을 분실했을 때 :
여권을 분실해 재발급을 받으려면 상당한 시간이 소요됩니다. 전체 여행에 차질을 빚을 수 있으므로 가능한 한 빨리 한국대사관이나 총영사관에 연락한 후 '여행자증명서'를 발급 받도록 합니다. 여권 및 여행자 증명서를 재발급 받기 위한 구비서류로는 ① 여권 도난 / 분실 증명서 (현지 경찰 발급), ② 일반여권 재발급신청서 2통, ③ 신분증, ④ 사진 2매, ⑤ 분실한 여권의 번호와 교부일자 등을 준비해야 합니다. 이럴 경우를 대비해 여권 앞면을 복사해서 보관하고 있어야 합니다.

ⓑ 여행자수표를 분실했을 때 :
재발행은 두 번째의 사인을 하지 않은 미사용분만 가능합니다. 재발행을 위해서는 ① 분실증명서(경찰서에서 발급), ② 발행 증명서(구입시 은행에서 준 것), ③ 여권이나 운전면허증 등의 신분증을 지참하고 발행 은행의 현지 지점으로 가시면 됩니다. 아직 사용하지 않은 수표의 번호는 항상 기록해 두도록 합니다.

ⓒ 항공권을 분실했을 때 :
발권 항공사의 대리점으로 가서 재발급 신청을 합니다. ① 항공권번호, ② 발권일자, ③ 구간, ④ 복사본이 있으면 편리하며, 소요시간은 약 1주일정도 걸립니다. 시간이 촉박할 때는 일단 새로 비행기표를 사고, 나중에 환불 받는 방법을 취하도록 하십시오.

ⓓ 크레디트카드를 분실했을 때 :
카드발행회사에 즉시 신고합니다. 카드번호와 유효기간 등은 반드시 따로 메모해 둡니다. 보통 지갑과 함께 잃

11. 사고상황의 대처

어버려 현금과 다른 신분증을 함께 잃어버리는 경우가 많은데 이를 위해 현금과 카드는 분산해서 소지하고 한국으로부터 송금받을 경우에 대해서도 대비를 하도록 합니다.

ⓔ **유레일패스를 분실했을 때 :**
유레일패스는 재발행이 불가능하기 때문에 분실하지 않는 수밖에 없습니다.

ⓕ **배낭 또는 기타 물건을 분실했을 때 :**
가방을 분실하거나 도난 당했을 경우, 현지 경찰의 분실증명서를 발급 받아야 합니다. 보험가입자의 경우 귀국 후 보험청구시에 반드시 필요한 서류가 됩니다. 항공기의 운송사고의 경우는 사고보상에 따른 일체를 항공사가 배상합니다.

✚ 도난사고의 예방!

주요 관광지와 사람들이 많이 모이는 장소에는 소매치기들이 많기 때문에 각별한 주의가 요구됩니다. 몽골 여행시에 가장 조심해야 할 장소로는 서민들의 큰 시장을 들 수 있는데 북적이는 사람들로 매우 혼잡하므로 가방을 차에 두거나 가이드에게 맡기는 편이 안전합니다. 다음으로 기차역이나 공항 대합실, 박물관, 큰 식당 앞, 간등사 앞, 수흐바타르 광장, 고비사막 캠프 상가 주변과 그 외에 사람이 많이 모이는 곳을 들 수 있습니다.

빠르게 찾고 쉽게 말하는 여행회화! 여러분의 여행을 보다 즐겁고 편안하게 만들어 드립니다!!

분실, 도난, 사고?

❸ 교통사고 발생시!

사고가 발생하면 우선 경찰에 신고하십시오. 경찰 조사가 공정하지 않다고 판단되거나 정확한 과실 규명이 필요할 때는 한국대사관이나 총영사관에 연락해 도움을 구합니다. 특히 접촉사고시에 어느 쪽의 과실인지 정확히 밝혀지지 않은 상태에서 예의상 먼저 **'I'm sorry.'**(미안합니다.)라고 해서는 곤란합니다. 이는 '자신의 과실로 인정한다.'는 뜻이 될 수도 있기 때문입니다. 렌트카의 경우도 과실여부에 따라 전액 보험처리가 되므로 절대 흥분하지 말고 사고처리가 이루어질 때까지 사고 조사의 과정을 잘 지켜봐야 하겠습니다.

❹ 질병에 대한 대비!

기후, 시차 및 식사 등 갑작스러운 변화로 몸에 탈이 생겨 여행에 차질을 빚게 되는 경우가 종종 있습니다. 최근에 해외여행자 보험이 현지 병원과 약국의 도움을 받을 수 있는 보험상품까지 소개되고 있어 여행중의 부상에 대해 다소 걱정을 덜 수 있게 되었습니다. 그럼에도 불구하고 기본적인 비상약은 반드시 챙겨 나가야 하는데 이는 간단한 약품일지라도 나라에 따라서는 쉽게 살 수 없기 때문입니다. 배탈 설사는 여행지에서 가장 흔한 일로 '정로환' 정도는 필수로 챙겨 가셔야 합니다. 그리고 평소에 건강이 좋지 않으신 분은 복용하시던 약을 여유분까지 충분히 준비해 나가셔야 하며, 만성 질환자의 경우는 영문 처방전을 소지하시는 것이 좋습니다. 병원치료 후에는 반드시 영수증을 받아 추후 보험료를 신청하도록 하며, 장기적으로 입원 치료를 받아야 할 사태

11. 사고상황의 대처

라면 한국으로 이를 알려 친지의 도움을 구하셔야 하겠습니다. 그밖의 질환은 가능한한 귀국후에 치료를 받도록 합니다. 충분한 의사소통이 이루어지지 않은 상태에서 큰 수술을 내맡기기에는 무리가 따르기 때문입니다.

✚ 여행자 필수 메모장~!

여권과 비자 : 여권번호, 유효기간, 발행일, 발행지, 해당지역의 한국공관 연락처 (여권사본)
항공권 : 항공권번호, 발행일, 관련항공사의 현지 연락처
여행자수표 : 여행자수표 일련번호, 구입일, 관련 은행 연락처
신용카드 : 카드번호, 발급회사 연락처, 분실신고서(증명서)

✚ 한국 대사관

주소 : Olympic Str.10, Sukhbaatar District,
　　　　 Ulaanbaatar, Mongolia

전화번호 : 32-1548, 31-0153

근무시간 : 오전 09:00~12:30,
　　　　　　오후 02:00~06:00
　　　　　　(월요일~금요일)

빠르게 찾고 쉽게 말하는 여행회화! 여러분의 여행을 보다 즐겁고 편안하게 만들어 드립니다!!

① 분실사고시! 1.

❶ 여권을 분실했습니다.

❷ 여행자수표를 분실했습니다.

❸ 택시에 가방을 놓고 내렸습니다.

❹ 카메라를 잃어버렸어요.

❺ 어제 지하철에서 소매치기 당했습니다.

❻ 한국어가 가능한 사람을 불러주십시오.

❼ 한국대사관에 연락해 주십시오.

11. 사고상황의 대처

1 Паспортаа гээчихлээ.
파스포르타: 게:치흘레:.

2 Жуулчны чек алдчихсан.
졸:치니: 체크 알뜨치흐승.

3 Таксинд цүнх орхичихжээ.
탁씬뜨 충흐 어르히치흐제:.

4 Зургын аппарат алдчихсан.
조르깅: 압파라트 알뜨치흐승.

5 Өчигдөр метро дээр хармааны хулгайд юм алдчихлаа.
어치그더르 메트로 데:르 하르마:니: 홀가이뜨 윰 알뜨치흘라:.

6 Солонгос хэлтэй хүн дуудаж өгөөрэй.
설렁거쓰 헬테 훙 도:뜨지 어거:레.

7 Өмнөд солонгосын элчин сайдын яамтай холбоо барьж өгнө үү.
엄너뜨 설렁거쓰잉: 엘친 싸이딩 얌:태 헐버: 바리지 어그누:.

❷ 분실사고시! 2.

❽ 이 전화번호로 연락주세요.

❾ 여권을 재발행 받으러 왔습니다.

❿ 오늘 재발행됩니까?

⓫ 어디서 그것을 재발행 받을 수 있습니까?

⓬ 제 신용카드를 취소해 주세요.

⓭ 분실한 여행자수표를 취소하고,
재발행 받고 싶습니다.

⓮ 분실물 보관소가 어디에 있습니까?

11. 사고상황의 대처

❽ Энэ утасны дугаараар утасдаарай.
엔 오타쓰니: 도가:라:르 오타쓰다:래.

❾ Паспортаа дахин шинээр гаргахаар ирсэн.
파스포르타: 다힝 신에:르 가르가하:르 이르승.

❿ Өнөөдөр дахин шинээр гаргаж болох уу?
어너:뜨르 다힝 신에:르 가르가지 벌호:?

⓫ Түүнийг хаанаас дахин шинээр гаргаж болох вэ?
투:니끄 하:나:쓰 다힝 신에:르 가르가지 벌러흐 웨?

⓬ Миний картаа цуцлаарай.
미니: 카르타: 초츨라:래.

⓭ Алдчихсан жуулчны чекийг хүчингүй болгоод, дахин шинээр авмаар байна.
알뜨치흐승 졸:치니: 체키끄 후칭구이 벌거:뜨, 다힝 신에:르 아우마:르 바인.

⓮ Гээсэн юм хадгалдаг газар хаана байдаг вэ?
게:승 윰 하뜨갈뜩 가짜르 한: 바이뜩 웨?

❸ 사고의 신고!

❶ 여보세요. 경찰서죠?

❷ 경찰서 좀 대 주세요.

❸ 제 지갑을 소매치기 당했어요.

❹ 자동차 사고를 신고하고자 합니다.

❺ 화재발생 신고를 하려 합니다.

❻ 충돌사고가 났어요.

❼ 여기 부상자 한 사람이 있습니다.

❽ 머리에서 피가 납니다.

❾ 앰뷸런스를 좀 불러주세요.

11. 사고상황의 대처

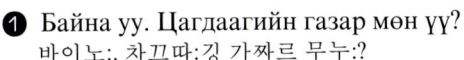

① Байна уу. Цагдаагийн газар мөн үү?
바이노:. 차끄따:깅 가짜르 무누:?

② Цагдаагийн газартай холбоо барьж өгнө үү.
차끄따:깅 가짜르태 헐버: 바리지 어그누:.

③ Би түрийвчээ хулгайд алдчихжээ.
비 투리:브체: 훌가이드 알뜨치흐제:.

④ Машины ослыг мэдээлэх гэж байна.
마시이: 어쓸리끄 미델:레흐 게지 바인.

⑤ Гал гарсаныг мэдээлэх гэж байна.
갈 가르쓰니끄 미델:레흐 게지 바인.

⑥ Мөргөлдөөн осол гарлаа.
머르걸덩: 어썰 가를라:.

⑦ Энд нэг гэмтэлтэй хүн байна.
엔드 네끄 겜틀테 훔 바인.

⑧ Толгойгоос цус гарч байна.
털거이거:쓰 초쓰 가르치 바인.

⑨ Түргэн тусламж дуудаж өгнө үү.
투르겡 토쓸람지 도:뜨지 어그누:.

❹ 긴급! 간단표현!

❶ 응급상황입니다!

❷ 102으로 전화해주세요.

❸ 경찰을 불러 주세요!

❹ 도둑이다! 도둑 잡아라!

❺ 불이야!

❻ 도와주세요!

❼ 조심해요! (주의하세요!)

❽ 엎드려!

❾ 움직이지 마!

11. 사고상황의 대처

❶ Шуурхай арга хэмжээ авах байдал байна.
쇼:르하이 아락끄 헴제: 아와흐 바이들 바인.

❷ 102 –оор утасдаарай.
종:허여르–어:르 오타쓰다:래.

❸ Цагдаа дуудаарай.
차끄따: 도:따:래.

❹ Хулгайч! Хулгайчийг бариаарай.
홀가이치! 홀가이치:끄 바리아:래.

❺ Гал гарлаа!
갈 가를라:!

❻ Туслаарай!
토쏠라:래!

❼ Анхааараарай! /Болгоомжтой байгаарай!/
앙하:라:래! /벌검:지태 바이가:래!/

❽ Элгээрээ хэвтээрэй!
엘게:레: 헤브테:레.

❾ Битгий хөдлөөрэй!
비트기: 허뜰러:레.!

빠르게 찾고 쉽게 말하는 여행회화! 여러분의 여행을 보다 즐겁고 편안하게 만들어 드립니다!!

❺ 병원 치료!

❶ 병원에 데려다 주세요.

❷ 구급차를 불러 주세요.

❸ 의사를 불러 주세요.

❹ 여기에 통증이 있습니다.

❺ 머리가 아픕니다.   /   열이 있습니다.

❻ 현기증이 납니다.

❼ 설사를 합니다.

❽ 발목을 삐었어요.

❾ 배가 아픕니다.

11. 사고상황의 대처

❶ Эмнэлэгт хүргэж өгөөрэй.
엠넬레끄트 후르게지 어거:레.

❷ Түргэн туслажийн машин дуудаарай.
투르겐 토슬람징 마신 도:따:래.

❸ Эмч дуудаж өгнө үү.
엠치 도:뜨지 어그누:.

❹ Энд өвдөж байна.
엔드 어브더지 바인.

❺ Толгойгоо өвдөж байна. / Халуунтай байна.
털거이거: 어브더지 바인. / 할롱:태 바인.

❻ Толгой эргэж байна.
털거이 에르게지 바인.

❼ Гүйлгээд байна.
구일게:뜨 바인.

❽ Хөлийн шагайгаа мултласан.
헐링 샤가이가: 몰틀라승.

❾ Гэдэс өвдөж байна.
게데쓰 어브더지 바인.

❻ 약국의 처방!

❶ 이 처방대로 약 좀 조제해 주시겠어요?

❷ 감기약 좀 주십시오.

❸ 두통에 좋은 약 좀 주세요.

❹ 소화불량에 좋은 약 좀 주세요.

❺ 하루에 약을 몇 회나 복용합니까?

❻ 이 약을 하루 3번 식후 30분에 드세요.

❼ 처방전 없이 이 약을 팔 수 없습니다.

11. 사고상황의 대처

❶ Энэ жороор эм найруулж өгнө үү.
엔 저러:르 엠 나이롤:지 어그누:.

❷ Ханиадны эм өгөөч.
하니아뜨니: 엠 어거:치.

❸ Толгойны сайн эм өгөөч.
털거이니: 사인 엠 어거:치.

❹ Хоол сайн шингэх эм өгнө үү.
헐: 사인 싱게흐 엠 어그누:.

❺ Өдөрт энэ эмийг хэдэн удаа уух вэ?
어더르트 엔 엠이끄 헤뎅 오따: 오:흐 웨?

❻ Энэ эмийг өдөрт гурван удаа, хоол идсэнээс гучин минутын дараа уугаарай.
엔 엠이끄 어더르트 고르왕 오따:, 헐: 이뜨쓰네:쓰 고칭 미노팅: 다라: 오:가:래.

❼ Жоргүйгээр энэ эмийг зарч болохгүй.
저르구이게:르 엔 엠이:끄 자르치 벌러흐구이.

사고상황 관련 단어!

● 사고 관련 단어표현

경찰서	цагдаагийн газар 차끄따:깅 가짜르
경찰	цагдаа 차끄따
경찰관	цагдаа 차끄따
파출소	цагдаагийн хэсэг 차끄따:깅: 헤쎄끄
여권	паспорт 파스포르트
지갑	түрийвч 투리:브치
현금	бэлэн мөнгө 벨렝 멍그
귀금속	үнэт эдлэл 운트 에뜨렐
보석	эрдэнэ 에르뗀
분실증명서	гээгдсэн баталгаа 게:끄뜨승 바틀가:
도난증명서	хулгайд алдчихсан баталгаа 훌가이드 알뜨치흐승 바틀가:
재발행하다	дахин шинээр гаргах 다힝 신에:르 가르가흐
도둑	хулгайч 훌가이치
도난	хулгай 훌가이
강도	дээрэмчин 데:렘칭

11. 사고상황의 대처

● 병원 관련 단어표현

병원	эмнэлэг 엠넬레끄
의사	эмч 엠치
응급처치	яаралтай эмчилгээ 야:랄태 엠칠게:
구급차	түргэн тусламж /машин/ 투르겡 토쓸람지 /마신/
환자	өвчтөн 업치텅
입원	эмнэлэгт хэвтэх 엠넬레끄트 헤브테흐
몸	бие 비예
머리	толгой 털거이
코 / 귀	хамар / чих 하마르 / 치흐
입 / 목	ам / хүзүү 암 / 후쭈:
손 / 팔	гар / гар 가르 / 가르
발 / 다리	хөл / хөл 헐 / 헐
가슴	цээж 체:지
등 / 허리	нуруу / бүсэлхий 노로: / 부쎌히
심장 / 간장	зүрх / элэг 주르흐 / 엘레끄

빠르게 찾고 쉽게 말하는 여행회화! 여러분의 여행을 보다 즐겁고 편안하게 만들어 드립니다!!

사고상황 관련 단어!

수술	мэс засал
	메쓰 자쌀
처방	жор 저르
체온	биеийн халуун
	비잉 할롱:
열	халуун 할롱:
맥박	судасны цохилт
	소다쓰니: 처힐뜨
혈압	цусны даралт
	초쓰니: 다랄트

● 질병 관련 단어표현

현기증	толгой эргэх
	털거이 에르게흐
기침	ханиалга
	하니알락끄
재채기	хайтаах 하이타:흐
감기	ханиад 하니아뜨
유행성 감기	халдвартай ханиад
	할뜨와르태 하니아뜨
천식	багтраа 바그트라:
폐렴	уушгины сурьеэ /үрэвсэл/
	오:시그니: 수리예 /우레브쎌/
불면증	нойргүйдэх өвчин
	너이르구이데흐 업칭

264

12. 귀국 준비!

❶ 귀국 준비!

여행일정을 마무리하고 귀국을 준비하는 단계입니다. 먼저 개인짐을 잘 정리해서 가방의 부피를 최대한으로 줄이며, 짐의 갯수도 줄이도록 합니다. 그리고 귀국에 필요한 서류들은 다시 한번 확인하고 따로 작은 가방에 넣습니다.

ⓐ **예약 재확인** : 귀국날짜가 정해지면 미리 항공편 좌석을 예약해야 하며, 예약을 이미 해두었을 경우는 출발 예정시간의 72시간 전에 재확인을 해야 합니다. 항공사에 전화해 이름, 편명, 행선지를 말하고 자신의 연락 전화번호를 남기면 됩니다. 성수기 때에는 자칫 재확인을 안 해 당일날 좌석을 구하지 못하는 일이 종종 있습니다.

빠르게 찾고 쉽게 말하는 여행회화! 여러분의 여행을 보다 즐겁고 편안하게 만들어 드립니다!!

귀국 준비는 이렇게!

ⓑ **하물의 정리** : 출발하기 전에 맡길 짐과 기내에 갖고 들어갈 짐을 나누어 꾸리고 토산품과 현지에서 구입한 물건의 품명과 금액을 리스트에 기재해 둡니다. 물건의 파손이 우려되는 제품은 가급적 직접 운반하는 것이 좋으며, 부피가 클 경우는 짐에 '주의! 파손위험'이라는 스티커를 보딩패스 시에 붙여달라고 요구합니다.

ⓒ **출국절차** : 최소한 출발 2시간 전까지는 공항에 미리 도착해 체크인을 하십시오. 수하물 검사가 매우 철저하게 진행되기 때문에 상당 시간이 소요됩니다. 기내휴대 수하물 외의 짐은 탁송합니다. 화물은 항공기 탑재 중량을 먼저 주의하여야 하며, 초과 중량에 대해서는 1kg당 운임료를 따로 지불해야 합니다. 적지 않은 비용이기 때문에 반드시 미리 체크해야 합니다.

출국절차는 먼저 자신이 이용할 해당 항공사 데스크로 가서 여권, 출입국카드(입국시에 여권에 붙여놓았던 것), 항공권을 제시하면 계원이 출국 카드를 떼내고 비행기의 탑승권을 줍니다. 탑승권에는 좌석번호는 물론 탑승구 번호와 탑승시간까지 기록되어 있습니다. 항공권에 공항세가 포함되어 있지 않을 경우에는 출국 공항세를 지불해야 하는 곳도 있습니다. 이렇게 탑승절차를 마치고 난 후 다음은 보안검색과 기내휴대 수하물의 **X**선검사를 받습니다. 출국장 안으로 들어가게 되면 먼저 탑승권에 표시된 탑승 게이트로 가서 대기를 하거나 면세품코너를 들러 남은 시간을 보냅니다. 아직 선물을 준비하지 못했다면 이곳에서 사는 것이 좋습니다. 귀국할 때는 인천공항의 면세점을 이용할 수 없기 때문입니다.

12. 귀국 준비!

❷ 한국 도착!

한국에 도착한 후 입국절차는 ⓐ 입국신고서(세관신고서) 작성, ⓑ 검역, ⓒ 입국심사, ⓓ 세관검사의 순으로 진행됩니다. 입국신고서는 미리 준비해 둡니다. (출국신고서 작성시에 준비했던 것) 입국절차는 출국절차의 역순, **Q-I-C (Quarantine, Immigration, Customs)** 입니다.

ⓐ 검역 : 비행기에서 내리면 맨 먼저 검역 부스가 있습니다. 대부분의 여행객에 대해서는 검사가 없으며, 주로 전염병이 보고된 지역의 여행객이 받습니다.

ⓑ 입국심사 : 내국인이라고 표시된 곳으로 가서 줄을 섭니다. 여권과 입국신고서를 제출하면 계원이 입국 카드를 떼어 내고 여권에 입국 스탬프를 찍어 주면 끝입니다.

ⓒ 세관 : 세관신고는 자진 신고제를 운영하고 있습니다. 세관 검사에 필요한 서류는 여권과 세관신고서입니다. 신고할 물품이 있으면 여기에 기재를 합니다만, 면세품의 경우는 구두로 신고해도 됩니다. 과세 대상품에 대해서는 세관원이 세액을 산출하여 지불용지를 작성해 줍니다. 지불할 돈이 모자라거나 없을 땐 일단 과세 대상품을 세관에 예치하고 나중에 찾아가도록 합니다. 현재 술, 담배, 향수 이외의 물건은 해외 취득 가격 합계 400달러까지 면세됩니다.  특별히 신고할 물건이 없으면 녹색심사대를 통해 우선 통과가 가능하지만 만약 미기재된 물품이나 신고한 금액을 초과한 물품에 대해서는 별도의 관세가 부과되며, 반입금지 물품(마약류, 총기류 등)에 대해서는 형사처벌을 받게 됩니다. 그리고 남의 짐을 잠시 맡아 주는 등의 도움이 자칫 밀수, 불법반입으로 악용되는 경우가 있기 때문에 특히 주의가 필요합니다.

● 귀국절차!

❶ 예약을 재확인하고 싶습니다.

❷ MIAT(몽골민항) 카운터는 어디입니까?

❸ 이 짐들을 MIAT(몽골민항) 카운터로 옮겨주십시오.

❹ 초과요금은 얼마입니까?

❺ 탑승시간은 언제입니까?

❻ MIAT(몽골민항) 210편은 예정대로 출발합니까?

❼ 얼마나 지연됩니까?

12. 귀국 준비!

❶ Захиалга баталгаажуулмаар байна.
자히알락끄 바틀가:졸:마:르 바인.

❷ МИАТ–ийн онгоцны бүртгүүлэх газар хаана байна (вэ) ?
미아팅: 엉거츠니: 부르트굴:레흐 가짜르 한: 바인 (웨)?

❸ Энэ ачаагаа МИАТ–ийн онгоцны бүртгүүлэх газарт хүргэж өгнө үү.
엔 아차:가: 미아팅: 엉거츠니: 부르트굴:레흐 가짜르트 후르게지 어그누:.

❹ Илүү ачааны мөнгө хэдийг төлөх вэ?
일루: 아차:니 멍그 헤디끄털러흐 웨?

❺ Онгоцонд хэдэн цаг хүртэл суух хэрэгтэй вэ?
엉거츤뜨 헤뎅 차끄 후르텔 소:흐 헤레끄테 웨?

❻ МИАТ–ийн 210 нислэг төлөвлөснөөр нисэх үү?
미아팅: 허여르 종: 아롭 니쓸레끄 털러브러쓰너:르 니쎄후:?

❼ Хэр зэрэг удах вэ?
헤르 제레끄 오따흐 웨?

특별부록
비지니스 몽골어회화!

해외 출장을 떠나시는 독자 여러분들을 위한 필수 비지니스 몽골어회화를 특별히 부록편으로 모아 정리했습니다. 간단한 인사말에서부터 상담, 계약, 주문에 이르기까지 꼭 필요한 필수 문장들을 중심으로 소개해 드립니다. 독자 여러분의 '성공 비지니스'를 기원합니다!

비지니스의 시작!

 ❶ 비지니스 몽골!

몽골에는 공업생산기지가 없다고 해도 과언이 아닐 정도로 생활에 필요한 모든 물건을 수입하여 사용합니다. 따라서 생활용품의 거의 대부분이 중국제품인데 심지어 이쑤시개까지도 중국에서 수입하여 사용한다고 합니다. 몽골의 주요 교역 상대국은 중국, 러시아, 미국, 일본, 한국의 순이며 주로 기계류, 자동차, 석유 제품, 생활용품 등을 수입합니다.

비지니스 회화, 기본에서 계약의 성공까지! 여러분의 출장을 확실하게 도와드립니다!

비지니스 회화!
기본 회화에서 계약 성공까지!

몽골의 주요 수출품으로는 금, 동, 형석, 몰리브덴과 같은 광물과 캐시미어, 가죽, 양모 제품을 들 수 있습니다.

우리나라는 90년대 중후반까지 몽골의 투자환경 미비, 국내시장 협소, 인프라 미비, 기술 인력의 부족 등으로 몽골과의 교역이 미비한 상태였으나 1999년 이후 계속해서 증가 추세에 있어서 현재는 우리나라가 몽골의 제5위 교역상대국이 되었습니다. 우리나라의 주요 수입품으로는 가죽, 모피, 천연식물성원료, 의류, 기호식품 등이며 수출품목은 기계, 자동차, 자동차 부품, 기호식품 등입니다. 몽골에 진출해 있는 국내 대기업으로는 삼성물산, 한국통신, SK텔레콤, SK C&C, 현대기아, 대한전선, 대한항공, 투마트 등이 있으며 앞으로 정보통신업, 경공업, 서비스업, 광업, IT산업 등으로 확대될 것으로 전망되고 있습니다.

❷ 몽골의 주요 수출품!

● 캐시미어

몽골은 연간 2500톤의 캐시미어를 생산하고 있는데 몽골

특별 부록 비지니스 회화!

비지니스

비지니스의 시작!

산 캐시미어는 길이와 울 섬유의 신축성 및 강도면에서 세계에서 가장 좋은 제품으로 인정받고 있습니다. 이곳의 캐시미어는 50~60% 정도가 흰색이고, 20~30% 정도는 회색입니다.

● **가죽 제품**

가죽 제품은 전체 수출의 10%를 차지하고 있습니다. 몽골에서는 낙타가죽을 연간 31,000만장, 말과 소가죽을 연간 700만장, 양과 염소가죽을 연간 600만장 정도 생산하고 있습니다.

● **육류와 육류제품**

몽골에서는 생태학적으로 깨끗하고 국제적 기준에도 부합되는 양질의 육류를 생산할 수 있어서 일본과 다른 주변 국가에 육류를 수출하고 있습니다.

● **광업 및 석유**

수출의 총 65.5%를 차지하고 있어서 몽골의 주요 산업으로서의 역할을 하고 있는 분야입니다. 몽골에는 80개의 광물이 저장되어 있는 6000개가 넘는 광산이 있을 것이라 추정되고 있고 이 중 400개의 광산이 개발되었습니다. 석유 또한 27곳의 유정이 발굴되어 260천 배럴, 35천 톤의 석유가 수출되고 있습니다.

비지니스 회화, 기본에서 계약의 성공까지! 여러분의 출장을 확실하게 도와드립니다!

기본 회화에서 계약 성공까지!
비지니스 회화!

❶ 대표이사님과 약속하고 왔습니다.

❷ 그와 상의할 문제가 좀 있어서요.

❸ 시간이 되시는지 알아보겠습니다.

❹ 그는 오늘 쉬는 날입니다.

❺ 바트 씨는 지금 회의 중입니다.

❻ 제가 기다리시게 해서 미안합니다.

❼ 오늘 오후 내 사무실로 와주세요.

특별 부록 비지니스 회화!

① 방문객을 맞을 때!

❶ Компаний ерөнхийлөгчтэй /Захиралтай/ ярилцсанаас хүрээд ирлээ.
컴파니: 유릉힐러끄치태 /자히랄태/ 애릴츠쓰나:쓰 후레:뜨 이를레:.

❷ Захиралтай жаанан ярилцах юм байна.
자히랄태 자:홍 애릴차흐 윰 바인.

❸ Тантай уулзах боломжтой юу үгүй юу гэдгийг би асууя.
탄태 올짜흐 벌럼지태 유오 우구이 유: 게드기:끄 비 아쏘:야.

❹ Тэр өнөөдөр амарч байгаа.
테르 어너:뜨르 아마르치 바이가:.

❺ Бат гуай одоо хуралтай.
바트 고아이 어떠: 호를태.

❻ Таныг хүлээлгэсэнд уучлаарай.
타니:끄 홀렐:게슨뜨 오:칠라:래.

❼ Өнөө үдээс хойш манай ажилын өрөөнд хүрээд ирээрэй.
어너: 우데:쓰 허이시 마나이 아질링: 어런:뜨 후레:뜨 이레:레.

비지니스 회화, 기본에서 계약의 성공까지! 여러분의 출장을 확실하게 도와드립니다!

기본 회화에서 계약 성공까지!
비지니스 회화!

❶ 우리 회사에 오신 것을 환영합니다.

❷ 환영해주셔서 감사합니다.

❸ 저는 SMC의 사장, 김민수입니다.

❹ 저는 판매부를 맡고 있습니다.

❺ 제 명함입니다.

❻ 사업 근황이 어떻습니까?

❼ 그저 그래요.

특별 부록 비지니스 회화!

❷ 인사할 때!

❶ Манай компанид тавтай морилно уу.
마나이 컴판뜨 타브태 머릴르노:.

❷ Зочлон хүндэлсэнд баярлалаа.
저칠렁 훈들승뜨 바이를라:.

❸ Би ＳＭＣ-ийн захирал, Ким миньсү (байна).
비 에스엠씨-잉: 자히랄, 김민수 (바인).

❹ Би худалдааны хэлтэст ажиллаж байна.
비 호달따:니: 헬테쓰트 아질라지 바인.

❺ Энэ миний нэрийн хуудас.
엔 미니: 네링 호:다쓰.

❻ Ойрд танай ажилын байдал ямар байна вэ?
어이르뜨 타나이 아질링: 바이들 야마르 바인 (웨)?

❼ Зүгээр, зүгээр гайгүй.
쭈게:르, 쭈게:르 가이구이.

비지니스 회화, 기본에서 계약의 성공까지! 여러분의 출장을 확실하게 도와드립니다!

기본 회화에서 계약 성공까지!
비지니스 회화!

❶ 저희 회사는 2000년에 설립되었습니다.

❷ 지점은 몇 개나 됩니까?

❸ 우리는 서울에 13개의 대리점을 가지고 있습니다.

❹ 귀사의 사업 계획은 무엇입니까?

❺ 주요상품들은 무엇입니까?

❻ 국제인증을 가지고 있습니까?

❼ 귀사의 마케팅 전략은 무엇입니까?

특별 부록 비지니스 회화!

❸ 회사를 소개할 때!

❶ Манай компани 2000 онд байгуулагдсан.
마나이 컴파니 허여르 먕강 언뜨 바이골:라끄드승.

❷ Танай компани хэдэн салбартай вэ?
타나이 컴파니 헤뎅 살바르태 웨?

❸ Бид сөүлд 13 салбартай.
비뜨 서울뜨 아르왕 고르왕 살바르태.

❹ Танай компанийн ажилын төлөвлөгөө нь юу вэ?
타나이 컴파닝: 아질링: 털러블러건: 유오 웨?

❺ Танай компанийн гол бүтээгдэхүүн нь юу вэ?
타나이 컴파닝: 걸 부테:끄데훙:은 유오 웨?

❻ Олон улсын баталгаатай юу?
얼렁 올쓰잉: 바틀가:태 유오?

❼ Танай компанийн маркетинг стратеги нь юу вэ?
타나이 컴파닝 마르케팅 스트라테긴 유오 웨?

비지니스 회화, 기본에서 계약의 성공까지! 여러분의 출장을 확실하게 도와드립니다!

기본 회화에서 계약 성공까지!
비지니스 회화!

❶ 교환번호 301번 대주시겠어요?

❷ 그에게 연결시켜 드리겠습니다.

❸ 그는 지금 자리에 안 계신데요.

❹ 5분 후에 다시 전화해 주시겠어요?

❺ 바트 씨와 어떻게 연락할 수 있을까요?

❻ 011-321-7654번으로 연락할 수 있으십니다.

특별 부록 비지니스 회화!

비지니스

❹ 전화 통화시에!

❶ Дотоод утасны дугаар 301–тэй ярья.
더터:뜨 오타쓰니: 도가:르 고르왕 종 네끄테 애리.

❷ Түүнд холбоо бариж өгнө.
툰:뜨 헐버: 바리지 어근.

❸ Тэр одоо суудал дээр байхгүй. /алга./
테르 어더 소:들 데:르 바이흐꾸이./알락끄/

❹ Таван минутын дараа дахин залгана уу.
타왕 미노팅: 다라: 다힝 잘가노:.

❺ Бат гуайтай яаж холбоо бариж чадах вэ?
바트 고아이태 야:지 헐버: 바리지 차따흐 웨?

❻ 011–321–7654 дугаараар утасдаарай.
테끄네끄네끄–고르왕종허링네끄–달릉조르가:
타윙더럽 도가:라:르 오타쓰다:래.

비지니스 회화, 기본에서 계약의 성공까지! 여러분의 출장을 확실하게 도와드립니다!

기본 회화에서 계약 성공까지!
비지니스 회화!

❶ 귀사의 신제품을 보여주실 수 있습니까?

❷ 제품의 질에는 자신 있습니다.

❸ 얼마동안 품질보증이 됩니까?

❹ 단위당 가격은 얼마입니까?

❺ 가격은 수량에 따라 달라집니다.

❻ 이것이 최저가격인가요?

❼ 지불조건은 어떻게 됩니까?

특별 부록 비지니스 회화!

❺ 상담할 때!

❶ Танай компанийн шинэ бүтээгдэхүүнийг үзүүлнэ үү.
타나이 컴파닝: 신 부테:끄데후:니:끄 우쭐르누:.

❷ Бүтээгдэхүүний чанарын талаас нь итгэлтэй байна.
부테:끄데후:니: 차나링: 탈라쓴 이트겔테 바인.

❸ Хэдий хүртэл чанарын баталгаатай вэ?
헤디: 후르텔 차나링: 바틀가:태 웨?

❹ Хэсэг бүр ямар үнэтэй вэ?
헤쎄끄 부르 야마르 운테 웨?

❺ Үнэ нь тоо хэмжээний дагуу өөрчилөгднө.
운 은 터: 헴제:니: 다고: 어:르칠러끄드너.

❻ Энэ хамгийн хямдхан үнэ үү?
엔 함깅: 히얌뜨항 우누:?

❼ Төлбөр хийх нөхцөл нь ямар байна вэ?
털버르 히:흐 너흐철른 야마르 바인 웨?

비지니스 회화, 기본에서 계약의 성공까지! 여러분의 출장을 확실하게 도와드립니다!

기본 회화에서 계약 성공까지!
비지니스 회화!

❶ 그 제품의 재고가 있습니까?

❷ 귀사의 제품을 주문하고 싶습니다.

❸ 얼마나 주문하실 겁니까?

❹ 주문을 변경하고 싶습니다.

❺ 계약서를 작성합시다.

❻ 계약서 받으셨나요?

❼ 네, 계약서가 오늘 아침 일찍 도착했습니다.

특별 부록 비지니스 회화!

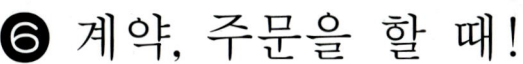

❻ 계약, 주문을 할 때!

❶ Тэр бүтээгдэхүүнээс үлдэгдэл байна уу?
테르 부테:끄데후:네:쓰 울떼끄델 바이노:?

❷ Танай бүтээгдэхүүнийг захиалмаар байна.
타나이 부테:끄데후:니:끄 자히알마:르 바인.

❸ Хэдийг захиалах вэ?
헤디:끄 자히알라흐 웨?

❹ Захиалагыг солимоор байна.
자히알라기:끄 서일머:르 바인.

❺ Гэрээг бичгээр үйлдэе.
게레:끄 비치게:르 우일데예.

❻ Гэрээний баримт бичиг авсан уу?
게레:니 바림트 비치끄 압쓰노:?

❼ Авсан, баримт бичиг өнөө өглөө эрт ирсэн байлаа.
압승, 바림트 비치끄 어너: 어글러: 에르트 이르쏨 바일라:.

비지니스 회화, 기본에서 계약의 성공까지! 여러분의 출장을 확실하게 도와드립니다!

부록 : 필수 단어 사전!

꼭! 꼭! 꼭! 필요한 단어들을 내용별로 정리한 사전입니다!

● 숫자 Numbers

1	нэг	네끄
2	хоёр	허여르
3	гурав	고롭
4	дөрөв	더럽
5	тав	타우
6	зургаа	조르가:
7	долоо	덜러:
8	найм	나임
9	ес	유쓰
10	арав	아롭
11	арван нэг	아르왕 네끄
12	арван хоёр	아르왕 허여르

● 숫자 **Numbers**

13	арван гурав	아르왕 고롭
14	арван дөрөв	아르왕 더럽
15	арван тав	아르왕 타우
16	арван зургаа	아르왕 조르가:
17	арван долоо	아르왕 덜러:
18	арван найм	아르왕 나임
19	арван ес	아르왕 유쓰
20	хорь	허리
21	хорин нэг	허링 네끄
22	хорин хоёр	허링 허여르
30	гуч	고치
40	дөч	더치
50	тавь	타위
60	жар	자르
70	дал	달
80	ная	나이
90	ер	예르
100	зуу	조:
101	зуун нэг	종: 네끄
102	зуун хоёр	종: 허여르
200	хоёр зуу	허여르 조:
300	гурван зуу	고르왕 조:
400	дөрвөн зуу	더르웡 조:
500	таван зуу	타왕 조:

숫자 Numbers

600	зургаан зуу 조르강: 조:
700	долоон зуу 덜렁: 조:
800	найман зуу /найм зуу/ 나이망 조: /나임 조:/
900	есөн зуу 유승조:
1,000	мянга 망가
10,000	арван мянга /түм/ 아르왕 망가 /툼/
100,000	зуун мянга /бум/ 종: 망가 /봄/
1,000,000	сая 사이

첫 번째	нэгдүгээр 네끄두게:르
두 번째	хоёрдугаар 허여르도가:르
세 번째	гуравдугаар 고롭도가:르
네 번째	дөрөвдүгээр 더럽두게:르
다섯 번째	тавдугаар 타브도가:르
여섯 번째	зургадугаар 조르가도가:르
일곱 번째	долдугаар 덜도가:르
여덟 번째	наймдугаар 나임도가:르
아홉 번째	есдүгээр 유쓰두게:르
열 번째	аравдугаар 아롭도가:르
두 배	хоёр дахин 허여르 다힝
세 배	гурав дахин 고롭 다힝
한 번	нэг удаа 네끄 오따:
두 번	хоёр удаа 허여르 오따:

부록 필수 단어 사전!

● 시간 time

1시간	нэг цаг	네그 차끄
2시간	хоёр цаг	허여르 차끄
30분	гучин минут /хагас/	고칭 미노트 /하가쓰/
10분	арван минут	아르왕 미노트
오전 5시 반	үдээс өмнө таван цаг хагас	우데:쓰 어믄 타왕 차끄 하가쓰
오후 1시 20분	үдээс хойш нэг цаг хорин минут	우데:쓰 허이시 네그 차끄 허링 미노트

● 날짜 Day

오전	үдээс өмнө	우데:쓰 어믄
정오	үд	우뜨
오후	үдээс хойш	우데:쓰 허이시
밤	шөнө	션
오늘	өнөөдөр	어너:뜨르
오늘 아침	өнөө өглөө	어너: 어글러:
오늘 오후	өнөө үдээс хойш	어너:우데:쓰 허이시
오늘 오후	өнөөдрийн үдээс хойш	어너:뜨링 우데:쓰 허이시
오늘 밤	өнөөдрийн шөнө	어너:뜨링 션
오늘 밤	өнөө шөнө	어너: 션

● 날짜 Day

내일	маргааш 마르가:시
내일 오전	маргааш өглөө 마르가:시 어글러:
내일 오후	маргааш үдээс хойш 마르가:시 우데:쓰 허이시
내일 밤	маргааш шөнө 마르가:시 션
모레	нөгөөдөр 너거:뜨르
어제	өчигдөр 어치그더르

● 계절 Seasons

봄	хавар 하와르
여름	зуун 종:
가을	намар 나마르
겨울	өвөл 어월

부록 필수 단어 사전!

● 주 Week

일요일	долоо дахь өдөр /ням гариг/ 덜러: 다히 어더르 /냠 가리그/ бүтэн сайн өдөр 부텡 사인 어더르/
월요일	нэг дэх өдөр /даваа гариг/ 네끄 데흐 어더르/다와: 가리그/
화요일	хоёр дахь өдөр / мягмар гариг/ 허여르 다히 어더르 /먀끄마르 가리그/
수요일	гурав дахь өдөр /лхагва гариг/ 고롭 다히 어더르/하그와 가리그/
목요일	дөрөв дэх өдөр /пүрэв гариг/ 더럽 데흐 어더르/푸레브 가리그/
금요일	тав дахь өдөр /баасан гариг/ 타우 다히 어더르/바:쌍 가리그/
토요일	зургаа дахь өдөр / бямба гариг / хагас сайн өдөр/ 조르가: 다히 어더르 /비암바 가리그/ 하가쓰 사인 어더르/

● 월 Months

1월	нэгдүгээр сар 네끄두게:르 사르
2월	хоёрдугаар сар 허여르도가:르 사르
3월	гуравдугаар сар 고롭도가:르 사르
4월	дөрөвдүгээр сар 더럽두게:르 사르

꼭! 꼭! 꼭! 필요한 단어들을 내용별로 정리한 사전입니다!

● 월 Months

5월	тавдугаар сар	타브도가:르 사르
6월	зургадугаар сар	조르가도가:르 사르
7월	долдугаар сар	덜도가:르 사르
8월	наймдугаар сар	나임도가:르 사르
9월	есдүгээр сар	유쓰두게:르 사르
10월	аравдугаар сар	아롭도가:르 사르
11월	арван нэгдүгээр сар	아르왕 네끄두게:르 사르
12월	арван хоёрдугаар сар	아르왕 허여르도가:르 사르
이번 달	энэ сар	엔 사르
다음 달	дараагийн сар	다라:깅 사르
지난 달	өнгөрсөн сар	엉거르승 사르

● 가족 Family

남자	эрэгтэй	에레그테
여자	эмэгтэй	에메끄테
소년	хөвгүүн /хүүхэд/	허우궁: /후:흐뜨/

● 가족 Family

소녀	охин 어힝
아기	хүүхэд /балчир хүүхэд/ 후:흐뜨 /발치르 후:흐뜨/
어린이	бага хүүхэд /багачууд/ 박끄 후:흐뜨 /박끄초:뜨/
아버지	аав 아:우
어머니	ээж 에:지
부모	эцэг эх 에체그 에흐
남편	нөхөр 너허르
아내	эхнэр /авгай/ 에흐네르 /아우가이/
형제	ах дүү 아흐 두:
자매	эгч дүү 에끄치 두:
약혼자	сүйт хүн 수이트 훙
약혼녀	сүйт эмэгтэй 수이트 에메끄테
친구(남자)	эрэгтэй найз 에레끄테 나이즈
친구(여자)	эмэгтэй найз 에메끄테 나이즈
아들	хүү 후:
딸	охин 어힝
조카(남)	ах эгчийн хүү /үеэл/ 아흐 에그칭: 후: /우이엘/
조카(여)	ах эгчийн охин 아흐 에그칭: 어힝
아저씨	ах 아흐
아주머니	эгч 에끄치

● 언어와 국민

People / Language

한국어/한국인	солонгос хэл / солонгос хүн 설렁거쓰 헬 / 설렁거쓰 훙
영어/영국인	англи хэл / англи хүн 앙글리 헬 / 앙글리 훙
미국인	америк хүн 아메리크 훙
일본어/일본인	япон хэл / япон хүн 야펑 헬 / 야펑 훙
중국어/중국인	хятад хэл / хятад хүн 햐타뜨 헬 / 햐타뜨 훙
불어/프랑스인	франц хэл / франц хүн 프란츠 헬 / 프란츠 훙
독일어/독일인	герман хэл / герман хүн 게르만 헬 / 게르만 훙
몽골어/몽골인	монгол хэл / монгол хүн 몽골 헬 / 몽골 훙

● 국가명 Nation

한국	солонгос 설렁거쓰

● 국가명 **Nation**

미국	америк 아메리크
영국	англи 앙글리
일본	япон 야펑
중국	хятад 햐타뜨
프랑스	франц 프란츠
스페인	испани 이스파니
독일	герман 게르만
이탈리아	итали 이탈리
태국	тайланд 타일란드
인도네시아	индонези 인도네지
러시아	орос 어러쓰
몽골	монгол 몽골(멍걸)

Step by step!

1 목적지 공항도착!
목적지 공항에 도착하면 짐을 잘 챙겨서 내립니다. 입국심사서는 미리 준비하세요!

Step 1

2 도착 출구통과!
'Arrival'이라고 쓰여 있는 출구를 찾아 통과합니다.

Step 2

✚ 잠깐만요!
여권! 입국심사서! 항공권! 수하물표!를 잘 챙겨서 나가십시오!